Ina Helldorff

Salto vorwärts ins Glück

Ina Helldorf

Salto vorwärts ins Glück

Das kleine Handbuch
für erfolgreiche Veränderungen

KREUZ

MIX
Papier aus verantwor-
tungsvollen Quellen
FSC® C106847

© KREUZ VERLAG
in der Verlag Herder GmbH, Freiburg im Breisgau 2012
Alle Rechte vorbehalten
www.kreuz-verlag.de

Umschlaggestaltung: Verlag Herder
Umschlagmotiv: © F1online
Autorenfoto: © privat

Satz: de·te·pe, Aalen
Herstellung: fgb · freiburger graphische betriebe
www.fgb.de

Printed in Germany

ISBN 978-3-451-61099-8

Inhalt

Einleitung	7

Teil 1: Wollen — 9

1	Schluss mit den Ausreden	9
2	Entscheidungsschwach? Nein, danke!	20
3	Genug von der Opferrolle	30

Teil 2: Authentisch sein — 40

4	Wozu sind Sie auf der Welt?	40
5	Wer sind Sie?	47
6	Was ist Ihr Vermächtnis?	54

Teil 3: Einen neuen Anfang wagen — 61

7	Sportlich, sportlich!	61
8	Der Weg zur gesunden Ernährung	68
9	Endlich schlank!	73
10	Die letzte Zigarette	79

Teil 4: Ergebnisse erzielen — 88

11	Schluss mit den Sorgen!	88
12	Der beste Job der Welt	96
13	Raus aus dem Alltagstrott, rein in den Flow!	101
14	Positive Ausstrahlung – sofort!	110
15	Mehr Überzeugungskraft!	116
16	Selbstbewusste Körpersprache	122
17	Sie können Reden halten!	129

Teil 5: Etwas wagen 137

18 Mit schlechten Karten gut spielen 137
19 Lust auf Abenteuer? 142
20 Der Ausweg aus der Erfolglosigkeit 149

Literatur 159

Einleitung

Eines Tages schauen Sie in den Spiegel und plötzlich kommt Ihnen dieser Gedanke: »Was für ein Gesicht wird mich in zehn Jahren morgens ansehen? Wo werde ich stehen? Was werde ich dann wohl tun? Werde ich glücklich sein?« Und dann: »Bin ich auf dem richtigen Weg?« Schließlich: »Ist dies das Leben, das ich immer leben wollte?«

Kommt Ihnen das bekannt vor?

In der globalisierten und zunehmend hektischen Welt sind Stress und Unzufriedenheit die ständigen Begleiter der Menschen. Sei es der zeitliche Druck bei der Arbeit, der emotionale Druck in den Beziehungen oder der soziale Druck, fit und gut aussehend sein zu sollen: All das fordert immer wieder Kraft und Durchsetzungsvermögen heraus und kann dazu führen, unzufrieden mit sich selbst zu sein. Dabei geht es im Leben einzig und allein darum, glücklich zu sein – mit sich selbst und all seinen Zielen und Wünschen.

Wie ein Salto, also ein schnelles Drehen um die eigene Achse, will dieses Buch Ihnen Hilfestellung und Lösungsansätze für ein glückliches und erfülltes Leben geben. Das Bild des Saltos ist dabei wohl gewählt: Zum einen bieten die fünf Großkapitel viele Beispiele aus meiner Coachingpraxis und liefern so *schnelle* Lösungen für alltägliche wie auch tief greifende Probleme. Zum anderen passt das Bild des Saltos auch deswegen so gut, weil jeder Mensch, also einzig und allein *Sie*, für die Durchsetzung seiner Wünsche und Ziele verantwortlich ist.

Mit der in diesem Buch angewendeten WWW-Methode werden Sie in die Lage versetzt, Ihre Wünsche wie auch die zugehörigen Lösungsansätze zu erkennen. Nach einer Problemanalyse, also dem »Was«, fragt die Methode nach dem »Warum« und offeriert letztlich das »Wie«. Will heißen:

»Was« wollen Sie ändern, »warum« wollen Sie das und »wie« können Sie das schaffen – so einfach wie hilfreich ist das Vorgehen.

Ähnlich aufgeteilt sind auch die fünf Großkapitel: Zunächst geht es darum, seine eigenen Ziele und Wünsche zu erkennen und sich nicht mehr hinter vermeintlichen Ausreden zu verschanzen – ändern kann man nämlich nur, was man auch ändern *will*. Dazu gehört des Weiteren, sich selbst treu, also authentisch zu bleiben, aber auch über seinen eigenen Tellerrand zu blicken und sich von »erfolgreichen« Menschen mitunter etwas abzuschauen. Nur so kann auch ein neuer Anfang gewagt werden. Und nur so können Sie letztlich Ergebnisse erzielen, die Sie leichter durch Ihren Alltag gehen lassen – zufrieden und glücklich mit sich selbst. Am Ende eines jeden Unterkapitels findet sich eine kurze und prägnante Zusammenfassung – Ihrem Salto vorwärts ins Glück steht also nichts mehr im Weg!

Teil 1: Wollen

1 Schluss mit den Ausreden

Wenn Sie Ausreden benutzen, gibt es zwei mögliche Gründe: Sie sind zu feige, sich die Wahrheit einzugestehen, oder Sie wissen nicht, *was* genau Sie im Leben wollen.

Angenommen, der Mensch hätte das Reden vor dem Gehen erlernt. Was wäre passiert? Er hätte sich das Lernen des aufrechten Gehens wahrscheinlich mit Ausreden vermiest: »Ach, ich bin genetisch nicht unbedingt der Typ für die aufrechte Position. Ich bin eher der Kriecher, der sich auf allen Vieren fortbewegt!«

Die Evolution hat es aber gut mit uns Menschen gemeint. Sie hat uns das Gehen vor dem Reden beigebracht. Sobald wir die ersten Worte sprechen können, beginnen wir nämlich auch schon mit den Ausreden. Der eine mehr, der andere weniger.

Joanna, eine Freundin von mir, ist in puncto Vorwänden sehr erfinderisch. Sie ist mit ihren fünfunddreißig Jahren beruflich sehr erfolgreich, arbeitet in der Führungsebene eines großen Konzerns und verdient auch dementsprechend. Auch optisch ist sie auf die Butterseite des Lebens gefallen: Mit ihrer schlanken Figur, der Modelgröße und ihrem hübschen Gesicht ist sie der Typ, nach dem sich neun von zehn Männern umdrehen.

Obwohl sie einen liebevollen Partner hat und auch sonst alles zu haben scheint, wovon viele Menschen nur zu träumen wagen, ist sie nicht restlos glücklich. Oft höre ich sie sagen: »Ich würde auch gerne wie du einfach ein paar Monate in viele verschiedene Länder reisen. Ich würde auch gerne Bücher schreiben. Und ich würde auch gerne Salsa tanzen lernen.«

Wenn ich sie aber frage, was sie beispielsweise vom Reisen abhält, kommt als Antwort nur: »Ich kann mir das nicht leisten.«

Ich bin überrascht: »Sag mal, wie viel verdienst du im Monat?«

»Okay, finanziell würde es schon reichen, aber ...«
»Was, aber ...?«
»Na ja, zeitlich geht es nicht.«
»Wieso nicht?«
»Ich habe ja nur fünf Wochen Urlaub pro Jahr. Ich kann nicht einfach drei Monate weg!«
»Willst du überhaupt so lange reisen?«
»Na ja, schon, aber ... Ich traue mich das ja eigentlich gar nicht alleine!«

Joanna ist einer der Menschen, die sich nicht festlegen wollen. Sie weiß nicht, *was* sie *wirklich* will im Leben.

Wie sieht es mit Ihnen aus? Wissen Sie, was Sie wollen, und handeln Sie danach? Oder sind Sie einer der Menschen, der die Welt nur zu dem Zweck erforscht, um herauszufinden, was Ihnen fehlt? Reden Sie sich ein, sie könnten dieses und jenes nicht, weil es ihnen an Geld, Zeit, Konsequenz, Schönheit, Intelligenz oder Ausbildung mangelt?

Ich frage Sie: Benutzen Sie nicht Ausreden, vielleicht weil Sie Angst haben, zu versagen? Vielleicht fürchten Sie sich davor, herauszufinden, *was* Sie *wirklich* wollen im Leben, und das dann auch durchzuziehen.

Wenn Sie wirklich glücklich sein wollen mit einer Lebensführung wie in einem guten Film, finden Sie heraus, was Ihr Herzensweg ist, und gehen Sie diesen Weg! Ihr Handeln treibt Ihre Geschichte voran und macht Ihr Leben glücklich.

Überlegen Sie sich, *was* Sie wollen, entscheiden Sie sich und handeln Sie!

Zaudern Sie nicht! Machen wir ein Gedankenexperiment: Stellen Sie sich vor, Sie haben einen Rucksack auf dem Rücken. Spüren Sie die Riemen? Wie diese auf Ihre Schultern drücken?

Packen Sie jetzt alle Ausreden, die Sie bis dato im Leben benutzt haben, in den Rucksack. Wirklich alle.

Spüren Sie die Last immer schwerer und schwerer werden? Packen Sie weiter. Lassen Sie nichts aus. Die Ausreden aus der Kindheit, aus der Jugend, aus der Erwachsenenzeit. Bitte alle einpacken.

Wie viele geschätzte Kilo hat Ihr Rucksack? Wie fühlt es sich an, diesen täglich mit sich herumzuschleppen?

Nehmen Sie den Rucksack jetzt bitte vom Rücken und stellen Sie ihn vor sich ab. Wie geht es Ihnen jetzt? Ist es Ihnen leichter geworden um die Schultern?

So kann es Ihnen immer gehen! Dazu brauchen Sie nur zu wissen, *was* Sie *wirklich* wollen in Ihrem Leben.

Gestalten Sie Ihr Leben selbst! Hören Sie auf, sich selbst und der Welt etwas vorzuspielen! Seien Sie ehrlich zu sich selbst!

Was genau wollen Sie herausfinden über sich? Ihre Bedürfnisse im Leben? Wonach Sie sich sehnen? Wovon Sie träumen? Was Ihnen wichtig ist? Was Ihr Herzensweg ist?

Fragen Sie sich, *warum* Sie das herausfinden wollen. Schreiben Sie es bitte auf.

Nur wenn Sie wissen, *warum* Sie etwas tun, werden Sie sich motivieren, die Dinge auch wirklich durchzuziehen. Wir Menschen sind nun mal so. Wir treffen eine Entscheidung aufgrund von Gefühlen. Also regen Sie Ihre Gefühle an, indem Sie sich fragen: *Warum* will ich wissen, was meine Bedürfnisse im Leben sind, wonach ich mich sehne, wovon ich träume, was mir wichtig ist, was mein Herzensweg ist?

Gut, nun wissen Sie, *warum* Sie mehr über sich erfahren wollen. *Wie* aber finden Sie Ihre Bedürfnisse, Sehnsüchte und Träume heraus?

Es hilft, andere Menschen, die ihre Sehnsüchte kennen und nach ihren Träumen leben, zu fragen, wie sie diese entdeckt haben. Fragen Sie fünf verschiedene Personen, die ihr Ziel diesbezüglich erreicht haben, und fragen Sie diese, *wie* sie es geschafft haben. Finden Sie den gemeinsamen Nenner und machen Sie es genauso. Das funktioniert!

Ich möchte Ihnen als Beispiel Georg vorstellen. Er kam auf Empfehlung eines Freundes zu mir. Bei der Terminvereinbarung hatte er angekündigt, dass er sein Leben neu ordnen möchte.

Er ist relativ groß und kräftig. Mit seinem verschmitzten Gesichtsausdruck und seinem forschen Schritt wirkt er durchaus selbstbewusst. Er schüttelt mir eher etwas zu fest die Hand und sieht mich dabei betont lässig an.

Georg erzählt, dass er gerne mehr Zeit neben dem Beruf hätte und gerne reisen würde, doch dazu habe er den falschen Job. Natürlich hätte er auch gerne eine Freundin, aber auch dafür fehle ihm die Zeit. Und er wäre gerne um ein paar Kilo leichter und würde gerne nicht mehr rauchen, aber das schaffe er bei seinem beruflichen Termindruck nicht.

Ich bin überzeugt davon, dass Georg nicht weiß, *was* er eigentlich will. Und das sage ich ihm auch: »Georg, du schilderst, was du gerne hättest, um es im selben Atemzug mit einer Ausrede wegzuwischen. *Was* willst du wirklich?«

Er bestätigt meine Überzeugung – er weiß es selbst nicht präzise zu sagen. Darum gebe ich ihm für die nächste Sitzung eine Hausaufgabe: Georg soll zu den folgenden Themen aufschreiben, *was* genau er will, und sich so seiner Ziele bewusst werden. Die Schlagworte sind: Beruf, Finanzen, Beziehung, Gesundheit und Fitness, Spiritualität, Freundschaft. Je konkreter er das tut, desto besser. Ich gebe ihm noch einen

Tipp: »Frag dich immer, woran du erkennen würdest, dass du etwas erreicht hast.«

Eine Woche später treffen wir uns wieder. Georg hat seine Ziele aufgeschrieben. Zum Stichwort »Beziehung« hat er notiert: »Ich wünsche mir eine Freundin, drei Jahre älter oder jünger als ich, also um die vierzig, schlank, kleiner als ich, breites Lächeln, lange Haare. Sie hat Humor, liebt Sport. Damit meine ich Joggen, Fitnesscenter und Radfahren. Sie motiviert mich sportlich, weil sie wöchentlich mindestens vier Mal Sport treibt. Sie kocht gut und gesund. Mit viel Obst und Gemüse.«

Zum Stichwort »Beruf« hat er geschrieben: »Ich bin beruflich erfolgreich. Ich arbeite auf selbstständiger Basis, als Programmierer. Ich verdiene mindestens 2000 Euro netto im Monat. Ich arbeite maximal fünf Stunden pro Tag, in der restlichen Zeit habe ich frei: für den Sport, für die Liebe und fürs Essen.«

Ich lobe Georg, denn er hat die Aufgabe gut erledigt. Zum einen ist er sehr konkret geworden, zum anderen hat er in der Gegenwartsform geschrieben, so, als wenn er sein Leben bereits verändert hätte.

Nun kommt der zweite Schritt: »Georg, jetzt weißt du, *was* du willst. Solange du aber nicht weißt, *warum* du es willst, wirst du keine Motivation aufbringen, etwas für deine Ziele zu tun.«

Menschen treffen Entscheidungen aufgrund eines Gefühls: Man strebt nach Lust und versucht, Schmerz zu vermeiden. Dieses Prinzip wird auch in der Werbung verwendet. Ein Beispiel dazu: Ein junger Mann fährt in einem alten, verrosteten Auto durch die Stadt. An der roten Ampel steht neben ihm ein roter Ferrari. Die Damen, die die Straße überqueren, winken dem Fahrer des schnittigen Gefährts erfreut zu, während sie den Fahrer des alten Autos mit keinem Blick würdigen. Somit soll dem Zuschauer suggeriert werden, dass man von der

Frauenwelt nur mit einem tollen Auto wirklich wahrgenommen wird. So wird in der Werbung also gezeigt, dass man Nachteile erfährt und deshalb womöglich Schmerz fühlt, wenn man das beworbene Produkt nicht kauft, und umgekehrt Lust, wenn man es kauft.

Georg sieht mich fragend an: »Und was hat das nun mit mir zu tun?«

»Berechtigte Frage. Wozu ich dich anregen möchte ist: Mach Werbung – und zwar für dich selbst! Erzeuge Schmerz, wenn du etwas nicht änderst, und Wohlgefühl, wenn du die Situation umwandelst. Nur so kannst du dich selbst motivieren! Du musst spüren, dass du etwas ändern *musst* in deinem Leben. Wenn du dich selbst nicht motivieren kannst, wird es auch niemand anderes für dich tun können.«

Georg sieht mich erwartungsvoll an. »Und wie funktioniert das jetzt genau?«

Ich bitte Georg, sich entspannt hinzusetzen. Er soll tief ein- und ausatmen und sich dabei vorstellen, dass er so weiterleben würde wie bisher. Mit einigen zielgerichteten Fragen will ich Motivation in ihm erzeugen, sein Leben zu ändern. Also frage ich ihn, wie sein Leben – falls er es jetzt nicht ändert – in fünf oder zehn Jahren aussehen würde, wie er sich dabei fühlen würde und ob er glücklich wäre.

Georg presst seine Lippen zusammen. Er scheint seine aufkommenden Gefühle zu unterdrücken.

Ich frage ihn ganz direkt: »Wie geht es dir, Georg? In zwanzig Jahren?«

Er macht die Augen auf, sieht mich an: »Schlecht, wenn du es genau wissen willst!«

»Gut, sehr gut! Verstärke dein Gefühl noch. Zehn Mal stärker als jetzt.«

Er macht die Augen wieder zu. Sein Gesicht verspannt sich. Ich beende die Imaginationsübung und bitte ihn, sich ordentlich auszuschütteln.

Im zweiten Schritt der Übung bitte ich ihn, sich vorzustellen, wie sein Leben in der Zukunft wäre, wenn er es *jetzt* ändern würde. Wie würde er sich fühlen? Was wäre sein Markenzeichen? Worauf würden ihn andere Menschen ansprechen? Wie sähe sein Tagesablauf aus?

Georg ist ganz entspannt und grinst vor sich hin. Ich beende die Übung und hole ihn in die Gegenwart zurück.

Was ist passiert?

Georg hat im ersten Teil der Imaginationsübung Schmerz in sich erzeugt, mit der Frage: »Wenn ich die jetzige Situation nicht ändere, wie geht es mir dann in fünf, zehn, zwanzig Jahren?«

Im zweiten Teil erzeugt er ein Glücksgefühl in sich, wenn er sich vorstellt, dass er sein Verhalten *jetzt* ändert, und zwar mit der Frage: »Wie geht es mir in fünf, zehn, zwanzig Jahren, wenn ich mein Leben verändere?«

Jede Entscheidung wird aufgrund eines Gefühls getroffen. Und Motivation in sich selbst bewirken Sie durch ein Gefühl der Freude, das sie erhalten, wenn Sie eine für Sie relevante Situation ändern.

Wenn Sie wissen, *was* Sie wollen und *warum*, sind Sie auf dem richtigen Weg. Halten Sie den Fokus ausgerichtet auf »*was* Sie wollen« und nicht mehr auf die Ausreden. Sie wissen jetzt, dass Sie Ihr Leben ändern *müssen*. Aber *glauben* Sie auch, dass Sie das *können*?

Nehmen Sie den Zettel her, auf den Sie geschrieben haben, *was* Sie wollen. Fragen Sie sich bei jedem einzelnen Punkt: Glaube ich, dass ich das kann?

Wenn *ja:* Glückwunsch!

Wenn *nein*, fragen Sie sich: Warum glaube ich nicht, das zu können?

Mit diesen Fragen kommen Sie hinter Ihre Glaubenssätze. Glaubenssätze sind nichts anderes als das, was Sie von sich und der Welt glauben. Glaubenssätze können positiv oder negativ sein, das heißt, sie unterstützen Sie oder wirken gegen Sie. Wenn Sie zum Beispiel glauben: »Ich kann das nicht, weil ich zu dumm bin«, dann ist das ein negativer Glaubenssatz, der Sie runterzieht. Wenn Sie aber glauben: »Ich kann das, denn es gibt immer einen Weg, etwas zu schaffen«, dann ist das ein positiver Glaubenssatz, der unterstützend wirkt.

Bitte überprüfen Sie nun alle Ihre *Was*-Aspekte und fragen Sie sich bei jedem Punkt, ob Sie *glauben*, das zu schaffen. Wenn nicht, dann schreiben Sie dazu, was Sie Ihrer Meinung nach davon abhält, sich das zuzutrauen.

Um jeden Glaubenssatz in einen positiven zu verwandeln, stellen Sie sich folgende Fragen:

Welchen Vorteil hat es, dass ich zu ... bin? Zum Beispiel: »Ich habe keine Berufspraxis.« »Der Vorteil ist, dass ich, wenn ich einen Job bekomme, der motivierteste Mitarbeiter im ganzen Unternehmen bin. Denn ich will beweisen, dass ich gute Arbeit leiste, obwohl ich keine Praxis habe.«

Gibt es eine Möglichkeit, dass ich ... ändern kann? Zum Beispiel bei dem Glaubenssatz »Ich bin zu dumm«. »Ich übe und übe, bis ich es kann.« So haben Sie auch gleich einen positiven Glaubenssatz, nämlich: »Wenn ich etwas noch nicht kann, kann ich es lernen.«

Wichtig bei einem neuen Glaubenssatz ist, dass dieser positiv formuliert ist, das heißt ohne »nicht« und »nein«. Denn das Unterbewusstsein versteht keine Verneinungen.

Warum lege ich so großen Wert auf die Glaubenssätze? Weil jeder Gedanke eine Wirkung hat. Er verbreitet ein Energiefeld.

Ich erkläre Ihnen das anhand eines Beispiels aus der Quantenphysik: In einem Experiment wird ein Gummibaum an einen Lügendetektor angeschlossen. Dieser funktioniert so, dass er, bei erhöhter Aktivität der Pflanze, erhöhte Frequenz anzeigt und diese auch aufzeichnet. Als der Gummibaum ans Gerät angeschlossen ist, überlegt der Experimentleiter, wie die Pflanze wohl reagieren würde, wenn er eine Zigarette an einem ihrer Blätter ausdrücken würde.

Was passiert? Der Gummibaum reagiert mit Stress, obwohl der Experimentleiter nur daran *gedacht* hatte, die Zigarette am Blatt auszudrücken.

Der »herzlose« Mann lässt sich aber, des Experimentes wegen, nicht davon abhalten, den glühenden Zigarettenstummel an vierzehn aufeinanderfolgenden Tagen in ein Blatt der Pflanze zu bohren.

Es geht so weit, dass der Gummibaum schon mit Stress reagiert, wenn der Herr mit dem Auto auf den Parkplatz des Gebäudes, in dem die Pflanze verwahrt wird, fährt.

Was ich damit sagen will: Jeder Gedanke erzeugt Energie. Darauf reagieren sogar Pflanzen. Wir sind offensichtlich energetisch mit allem Lebendigen verbunden. Das heißt, wenn Sie denken, *was* Sie wollen, setzen Sie auch schon eine Energie in die gewünschte Richtung frei. Wenn Sie wissen, *warum*, wird die Energie noch größer. Und wenn Sie noch *glauben*, dass Sie etwas schaffen können, haben Sie ihr Ziel bereits so gut wie erreicht.

So schaffen Sie es mit der WWW-Methode, auf Ihre Ausreden zu verzichten

Was wollen Sie?
Haben Sie genug von Ausreden und wollen endlich Nägel mit Köpfen machen?
  Wollen Sie Ihre Bedürfnisse, Sehnsüchte, Träume im Leben kennenlernen?

Aber **warum**?
Erst mit einem starken *Warum* werden Ihre Gefühle wachgerüttelt. Erst das motiviert Sie, die entscheidenden Schritte zu setzen, etwas zu verändern in Ihrem Leben.

Also schreiben Sie bitte auf, *warum* Sie Ihre Träume und Sehnsüchte leben wollen.

Wollen Sie endlich Feuer und Leidenschaft in Ihrem Leben spüren?

Wollen Sie Spaß haben, lachen, singen und tanzen?

Wollen Sie das Leben voll und ganz spüren?

Was auch immer es ist, schreiben Sie es bitte auf!

Wie aber finden Sie nun heraus, was Ihre Träume und Sehnsüchte sind, und *wie* schaffen Sie es, diese zu leben?

Es hilft, Menschen, die Ihre Träume und Sehnsüchte kennen, genauestens zu interviewen und zu fragen, wie diese herausgefunden haben, was ihr Herzensweg ist. Den gemeinsamen Nenner aus allen Befragungen wenden Sie dann einfach an sich selbst an.

Durch die in diesem Buch geführten Befragungen ergibt sich ebenfalls ein gemeinsamer Nenner. Und so kommen Sie ihm näher:

Schreiben Sie auf, *was* genau Sie wollen, in den Bereichen Beziehung, Freundschaft, Gesundheit & Fitness, Beruf, Finanzen, Spiritualität.

Fragen Sie sich: **Warum** wollen Sie Ihre Situation in den jeweiligen Bereichen ändern?

Entscheidungen werden aufgrund eines Gefühls getroffen. Jeder Mensch handelt so, dass er sich reflexartig von Schmerz wegbewegt und nach Freude strebt. Motivieren Sie sich selbst, indem Sie gefühlsmäßig Schmerz in sich erzeugen, wenn Sie Ihre Entscheidung nicht durchziehen, und umgekehrt ein Wohlgefühl, wenn Sie es schaffen, konsequent zu bleiben.

- *Wie* machen Sie das genau?

Fragen Sie sich: **Warum** wollen Sie Ihr Leben in den

> Bereichen Beziehung, Gesundheit & Fitness, Beruf, Spiritualität ändern? Was würde passieren, wenn Sie die Situation *nicht* änderten? Wie ginge es Ihnen in fünf, zehn, zwanzig Jahren in jedem dieser Bereiche? Verstärken Sie Ihren Schmerz noch! Machen Sie ihn gefühlsmäßig zehn Mal stärker!
> - Anschließend erzeugen Sie Freude in sich selbst!
> Fragen Sie sich, **wie** Ihr Leben aussähe, wenn Sie die Situation in allen Bereichen jetzt änderten. **Wie** fühlten Sie sich in fünf, zehn, zwanzig Jahren? Machen Sie Ihr Freudengefühl noch zehn Mal stärker!
> Das sollte Motivation genug sein!
>
> Wenn Sie bei der Frage nach dem **Warum** wissen, dass Sie etwas ändern *müssen* im Leben, geht es im nächsten Schritt darum, zu wissen, dass Sie es auch ändern *können*. Daran müssen Sie glauben, sonst hindern Sie sich selbst am Erfolg.

2 Entscheidungsschwach? Nein, danke!

Eines Tages betrachten Sie sich im Spiegel. Sie entdecken die ersten grauen Haare an sich: »Warte, das kann mir doch nicht passieren! Wo ist das große Geld, das ich verdienen wollte? Wo all die Reisen in ferne Länder, die ich machen wollte? Wo all die Abenteuer, die ich erleben wollte? Wo die Liebe, die ich spüren wollte? Wie ist die Zeit verflogen? Mein Körper altert schon und ich habe noch gar nicht angefangen, zu leben!«

Kommt Ihnen das bekannt vor?

Hören Sie sich sagen: »Wenn ich in Pension bin, lasse ich die Sau raus und es mir so richtig gut gehen«?

Ich verrate Ihnen eines – um im Bild zu bleiben: Bis Sie in Pension sind, ist die Sau längst tot!

Träumen Sie nicht Ihr Leben, leben Sie Ihre Träume! Und zwar jetzt sofort! Sie brauchen nur eine Entscheidung zu treffen! Lenken Sie Ihren Fokus in die Richtung, in die Sie wollen. Dort geht dann auch die Energie hin. Hören Sie auf, nur eine Schachfigur im Leben zu sein. Werden Sie zum Spieler. Hören Sie auf, zu reagieren; fangen Sie an, zu agieren! Schaffen Sie sich das Leben, das Sie sich wünschen, anstatt ihr Leben weiter als Provisorium zu leben! Dazu müssen Sie aber Entscheidungen treffen.

Ich erzähle Ihnen eine Geschichte, damit Sie wissen, was passiert, wenn Sie sich nicht entscheiden:

Zwei Samenkörner sind unter der Erde ausgesät. Beide treiben aus. Ein Trieb ist neugierig und fängt an, nach oben zu wachsen. Er tritt aus der Erde und entdeckt die Welt. Er wächst und spürt die Wärme der Sonne auf seinen Blättern und den Wind, der durch die Blätter streicht. Aus dem Korn ist eine schöne Blume geworden.

Das andere Samenkorn hat Angst, sich zu entscheiden. Es handelt lieber nicht. Es bleibt unter der Erde und lässt sich von seinem immer größer werdenden Nachbarn täglich berichten, wie es draußen zugeht. Selber kann sich das zweite Korn nicht entscheiden, diesen Schritt auch zu wagen. Also bleibt es in der Erde und wartet. Eines Tages sieht eine Henne die wunderschöne Blume mit ihren roten, vollen Blüten. Weil sie vom Duft so angezogen ist, bleibt sie in ihrer Nähe und fängt an, im Boden zu kratzen, um nach Futter zu suchen. Sie findet das zweite Samenkorn und verschlingt es genüsslich.

Nun meine Frage an Sie: Wollen Sie sich, um im Bild zu bleiben, von der Henne fressen lassen, oder wollen Sie wachsen? Das ist einzig und allein Ihre Entscheidung!

Stellen Sie sich vor, Sie probieren, sich hinzusetzen. Was passiert? Wenn Sie stehen bleiben, probieren Sie es ja nicht. Wenn Sie sich hinsetzen, dann probieren Sie es auch nicht, weil Sie sich ja hingesetzt haben. Bitte bleiben Sie in der Probierhaltung. Das entspricht in etwa einer Hocke. Aber bitte nicht wirklich hinsetzen, denn Sie sollen es ja nur *probieren* und es nicht tatsächlich tun.

Auf den Punkt gebracht: Probieren geht nicht! Entweder Sie setzen sich hin oder Sie bleiben stehen. Die Hocke ist anstrengend und kann nicht lange aufrechterhalten werden.

Entweder Sie machen etwas, oder Sie machen es nicht!

Also treffen Sie Entscheidungen und ziehen Sie diese durch!

Steuern Sie Ihr Leben selbst, sonst tun es andere für Sie!

Heute ist der erste Tag Ihres *neuen* Lebens! Also leben Sie!

Was wollen Sie also?
Entscheidungen treffen?

Warum?
Nur wenn Sie wissen, *warum* Sie etwas wollen, werden Sie auch motiviert sein, Ihr Ziel umzusetzen. Mit guten Gründen für diese Entscheidung regen Sie Ihre Gefühle an. Und solche

wichtigen Entscheidungen werden aufgrund von Gefühlen getroffen. Schreiben Sie deshalb bitte auf, *warum* Sie sich entscheiden wollen:

1. Entweder Sie haben schon verschiedene Möglichkeiten, aus denen Sie auswählen können. Zum Beispiel, mit Ihrem langjährigen Partner zusammenzubleiben oder sich in Ihrem Beziehungsleben doch noch einmal umzuentscheiden.
2. Oder Sie wissen noch nicht, was Sie wollen, und müssen erst nach Möglichkeiten für sich suchen. Zum Beispiel wissen Sie, dass Sie beruflich nicht zufrieden sind. Sie wissen aber nicht, was Sie verändern sollen.
3. Oder Sie haben eine konkrete Option, sind aber noch im Probierstatus. Sie wollen schlank sein, mit dem Rauchen aufhören usw.

In diesem Kapitel behandeln wir Punkt 1 und 2. Punkt 3 entnehmen Sie bitte den Folgekapiteln.

Das ganze Leben ist eine Abfolge von Entscheidungen! Welche Entscheidung Sie *jetzt* treffen, wirkt sich auf Ihren restlichen Lebensweg aus. Sie haben sicher schon erlebt, wenn Sie Ihr Leben rückblickend betrachten, dass oft eine kleine Entscheidung Ihr komplettes Leben verändert hat.

Zum Beispiel hat sich Ivona mit fünfundzwanzig Jahren spontan dazu entschieden, für zwei Wochen nach Kuba zu reisen. Alleine. Sie ahnt zu dem Zeitpunkt noch nicht, dass sich ihr Leben durch diesen Schritt um 180 Grad wenden würde. Auf Kuba verliebt sich Ivona in einen kolumbianischen Tanzlehrer. Die beiden gehen nach Spanien und machen dort eine Salsa-Tanzschule auf. Sie lässt ihr altes Leben in Deutschland komplett zurück. Wäre sie nicht nach Kuba geflogen, wäre ihr Leben ganz anders verlaufen.

Damit will ich nicht sagen, dass die eine Version besser ist als die andere. Ich will sagen, dass Sie die Wahl haben, Entscheidungen zu treffen und Ihren Lebensweg selbst zu steuern.

Wie aber finden Sie nun heraus, welche Entscheidungen Sie treffen sollen?

Befragen Sie Menschen, die gut darin sind, Entscheidungen zu treffen, und fragen Sie diese, *wie* genau sie das machen. Suchen Sie nach dem gemeinsamen Nenner und wenden Sie für sich die gleiche Methode an.

Ich gebe Ihnen ein Beispiel, welches den gemeinsamen Nenner meiner Befragungen widerspiegelt:

Belinda kommt zu mir ins Coaching. Zerraufte braune Haare. »Ina, ich weiß nicht mehr weiter. Ich hoffe, du kannst mir helfen!«

»Erzähl mir bitte, was bei dir los ist.«

»Ich bin im totalen Chaos. Als Psychotherapeutin arbeite ich mit auffälligen Jugendlichen. Der Job macht mir zwar Spaß, aber so will ich ihn nicht weitermachen. Derzeit habe ich eine Zehn-Stunden-Anstellung als Familienbetreuerin zusätzlich zu meiner eigenen Praxis. Aber das erfüllt mich nicht. Irgendetwas fehlt. Ich weiß aber nicht, was. Und es gibt noch einen zweiten Punkt: Ich bin derzeit Single, habe da aber einen sehr attraktiven Mann kennengelernt, der auch gerne windsurft und reist, genau wie ich. Er wirbt gerade sehr um mich. Auch reden können wir super miteinander. Einziger Nachteil: Er ist zwanzig Jahre älter als ich und hat schon zwei erwachsene Kinder. Ich mit meinen fünfunddreißig Jahren möchte aber noch eine eigene Familie gründen. Und ich bin mir nicht sicher, ob er das auch noch einmal will.«

»Das ruft nach einigen klärenden Entscheidungen«, sage ich.

»In der Tat.« Belinda nickt. »Wenn ich nur wüsste, was ich will.«

»Das werden wir klären. Ich schlage vor, wir fangen mit

dem Männerthema an, das ist jetzt schneller zu lösen. In Ordnung? Wie heißt dein Verehrer?«

»Max.«

Ich will Belinda aufzeigen, welche Möglichkeiten sie sonst noch hat, sich zu entscheiden. Also frage ich sie nach weiteren Alternativen. So wird ihr selbst bewusst, dass sie insgesamt drei Wahlmöglichkeiten hat: mit Max zusammen sein, Single bleiben und alleine die Welt bereisen oder einen gleichaltrigen Partner finden.

Belindas Bauchgefühl soll entscheiden. Dafür bitte ich sie, aufzustehen und im Raum für jede der drei Möglichkeiten einen Platz zu finden, der gefühlsmäßig zu dieser Entscheidung passt. Wir beginnen mit Max. Zielstrebig geht Belinda zum Fenster und blickt nach draußen in die Ferne. Ich frage sie nach dem dazugehörigen Gefühl.

»Beschwingt und mir ist warm ums Herz.«

»Welche Farbe taucht in dir auf, wenn du an eine Beziehung mit Max denkst?«

»Orange.«

»Wo genau ist die Farbe?«

»Sie geht von meinem Bauch aus und verbreitet sich durch mich durch immer weiter nach außen und erfüllt die ganze Welt.«

»Ist die Farbe transparent oder kräftig?«

»In der Bauchgegend kräftig und nach außen hin immer transparenter.«

»Siehst du sonst noch irgendetwas?«

»Ja, da hinten im Tal sehe ich einen See. Max und ich fliegen mit einem Drachenflieger dorthin, um anschließend dort zu surfen. Das passt zwar alles nicht so ganz zusammen, aber das ist, was ich sehe. Und plötzlich fliegen wir gemeinsam Hand in Hand durch die Luft. Freiheit. Atmen. Verrückt sein.«

»Gibt es auch einen Ton dazu?«

»Ja. Singende Meerjungfrauen.« Sie lächelt.

»Eher laut oder eher leise«?

»Ganz leise, wie von weiter Ferne.«

»Hast du in der ganzen Situation auch einen Geruch in der Nase oder einen Geschmack auf der Zunge?«

»Ja. Den Geruch und Geschmack von Kirschen. Rote Herzkirschen.«

»Gut, Belinda, dann spür noch einmal richtig in dich hinein, wie es dir hier geht, was du fühlst, siehst, riechst, hörst, schmeckst.«

Dann bitte ich sie, sich einen Platz für Alternative zwei, ihr Single- und Abenteurer-Dasein, zu suchen. Belinda schlendert zum zweiten Fenster und sieht ebenfalls in die Ferne. Auch hier stelle ich ihr die selben Fragen wie in der ersten Position. Nun fühlt sie sich aber ganz kribbelig und aufgeregt, wenngleich ihr diese Stimmung ebenfalls gefällt.

Unaufgefordert geht Belinda nun zur Eingangstüre und blickt auf die gegenüberliegende Wand. Das ist für sie der Platz im Raum, der einer Beziehung mit einem gleichaltrigen Mann entspricht. Nach meinen Fragen nach Gefühl, Farbe etc. merkt Belinda schnell, dass diese Option nichts für sie ist.

Sie soll nun noch einmal im Schnelldurchgang alle drei Positionen durchgehen und so zu einer Entscheidung kommen.

»Wo fühlt es sich am besten an?«, frage ich sie.

»Ehrlich gesagt, bei Max.« Sie lächelt. »Vorerst scheint das zu passen. Man weiß ja nie, wie es weitergeht«, sagt sie beschwichtigend.

»Das Kinderthema würde ich allerdings schon noch klären, sobald sich der Zeitpunkt ergibt«, schlage ich vor.

»Das versteht sich von selbst.«

In puncto Beziehung weiß Belinda jetzt, *was* Sie will. Jetzt kann sie Max in Ruhe kennenlernen und herausfinden, wie die beiden miteinander zurechtkommen.

In der folgenden Sitzung erscheint Belinda strahlend. Sie

erzählt mir, dass Max und sie nun ein Paar sind – schließlich kennen sie sich ja auch schon zwei Jahre. Aber das Jobthema belastet sie trotzdem weiterhin. Darum mache ich mit ihr eine weitere Übung: Belinda soll sich ehrlich fragen, was sie sich beruflich wünscht und welche Möglichkeiten sie hat – und bei diesem Schritt nicht überlegen, ob ihre Wünsche möglich sind oder nicht.

Sie geht in sich. »Lehrerin, vor Leuten reden, irgendetwas mit Buddhismus, Tierzüchterin, Tierpsychologin, Sport mit fülligen Kindern, Leute inspirieren mit meinen Reise-Erfahrungen ...« Aus ihr sprudelt es nur so heraus.

»Sehr gut! Jetzt hast du für dich überlegt, was es für Möglichkeiten gäbe. Ich werde dir jetzt zu jeder der von dir aufgezählten Möglichkeiten Fragen stellen. Zum Beispiel Lehrerin. Wie wäre dieser Berufswunsch für dich umsetzbar?«

Belinda denkt nach: »Na ja, so was mit Schülern in der Schule interessiert mich nicht. Eher Vorträge halten, über Psychologie und Buddhismus. Das kann ich mir vorstellen.«

»Und Tierzüchterin, Tierpsychologin? Wie wäre das umsetzbar?«

»Wenn, dann Tierzüchterin und Tierpsychologin gleichzeitig. Ich züchte und therapiere Tiere in meiner Praxis. Vor allem die Herrchen, bezogen aufs Tier.«

»Sport mit fülligen Kindern?«

»Das interessiert mich eigentlich nicht. Das fällt für mich unter Symptombekämpfung. Außerdem müsste ich da meistens die Eltern behandeln, nicht die Kinder. Das ist mir zu mühsam. Nein, das ist nichts für mich.«

»Leute inspirieren mit den Reise-Erfahrungen?«

Sie denkt nach. »Keine Ahnung. Vorträge halten? Aber das alleine ist es auch nicht. Ich mag auf jeden Fall meine Psychotherapie weitermachen. Und zusätzlich Vorträge halten, in die die Reise-Erfahrungen mit einfließen. Und eventuell Bücher schreiben.« Sie atmet tief durch. »Wenn das alles so einfach wäre.«

»Belinda, für welche der Möglichkeiten schlägt dein Herz am lautesten?«
»Ich habe eine Idee. Buddhismus in die Therapie einbauen. Buddhismustherapie. Und darüber Vorträge halten und Bücher schreiben. Und das kann ich auch noch mit Reisen in buddhistische Länder verbinden. Das würde mir Spaß machen.«
»Und wie genau könntest du das alles umsetzen?«
»Na ja, mich zum Beispiel erkundigen, ob es eine buddhistische Ausbildung in Österreich oder Deutschland gibt. Diese besuchen. Mich einfach mit Buddhismus beschäftigen. Einlesen. Länder bereisen. Weiterbilden. Und mir dann überlegen, wie ich das in die Therapie einbauen kann, wo ich Vorträge halte und welche Bücher ich schreibe.«
»Gut, dann ist der nächste Schritt vorerst klar. Erkundige dich bezüglich einer Ausbildung in diesem Bereich.«

Belinda hat zuerst ihren kreativen Teil befragt, was es beruflich für sie für Möglichkeiten gäbe. Dann hat sie sich überlegt, wie jede der Möglichkeiten umsetzbar wäre. Als Nächstes kommt die Frage: Was gibt es in der Umsetzung für Verbesserungsvorschläge? Für sie ist jetzt klar, in welche Richtung es weitergehen soll.

Gedanken haben Wirkung! Gedanken beeinflussen, wie Ihr Leben verläuft!
    Wenn Sie einen Gedanken ins Hirn einpflanzen, breitet er sich aus!
    Mit einer Entscheidung haben Sie den ersten Schritt auf einem neuen Weg gesetzt.

Entscheidungen treffen mit der WWW-Methode

Was wollen Sie?
Entscheidungen treffen?

Warum wollen Sie das?
Haben Sie es satt, Ihr Leben an sich vorbeistreichen zu lassen und Ihren Weg von anderen Menschen steuern zu lassen?
 Dann treffen Sie eine Entscheidung!

Aber *wie*?
Es gibt drei Arten von Entscheidungen.
1. Entweder Sie haben schon verschiedene Möglichkeiten, aus denen Sie auswählen können, wissen aber noch nicht, für welche Sie sich entscheiden sollen.
2. Sie wissen noch nicht, was Sie wollen, und müssen erst nach Möglichkeiten für sich suchen.
3. Sie haben eine konkrete Möglichkeit, wissen aber nicht, wie Sie diese umsetzen sollen.

Für Punkt 3 lesen Sie bitte das Buchkapitel »Ausweg aus der Erfolglosigkeit«.
 Für Punkt 1 suchen Sie sich einen Ort, an dem Sie ungestört sind. Gehen Sie Möglichkeit für Möglichkeit der Reihe nach durch. Suchen Sie für jede Möglichkeit einen Platz an diesem Ort, der dieser Möglichkeit gefühlsmäßig entspricht. Fühlen Sie in sich hinein. Wie geht es Ihnen? Was sehen Sie? Was hören Sie? Was schmecken Sie?
 Machen Sie das mit jeder Alternative. Wenn Sie damit fertig sind, gehen Sie jede Position noch einmal im Schnelldurchlauf durch und fühlen Sie, wie es Ihnen in jeder einzelnen geht. Sie werden spüren, welche Entscheidung für Sie die richtige ist.
 Für Punkt 2 versetzen Sie sich noch einmal in die Situa-

tion, in der Sie als Kind waren, als Sie den Wunschzettel fürs Christkind geschrieben haben. Schreiben Sie auf, was es für Sie in der Situation für Möglichkeiten gibt. Ohne dabei zu überlegen, ob dies grundsätzlich möglich ist oder nicht. Lassen Sie Ihrer Kreativität freien Lauf. Dann fragen Sie sich bei jedem Punkt, wie dieser umsetzbar wäre. Schreiben Sie auch das auf. Und dann fragen Sie sich bei jedem Punkt, was an der Umsetzung noch verbesserungsfähig wäre. Suchen Sie wieder kreative Ideen. Wie sind diese umsetzbar? Wie könnte man die Umsetzung verbessern? Bitte immer genau in dieser Reihenfolge, sonst kommen Sie zu keinem sinnvollen Ergebnis.

Wenn Sie näher auf jede Möglichkeit eingehen, werden Sie bei einer spüren, dass diese für Sie gefühlsmäßig stimmt. Wenn es zwei Möglichkeiten sind, die passen, dann gehen Sie einfach den Prozess von Punkt 1 durch.

Viel Spaß beim Entscheiden!

3 Genug von der Opferrolle

Steuern Sie Ihr Leben selbst, sonst tut es jemand anderer!
Übernehmen Sie Verantwortung dafür, wie es Ihnen geht!

In einem Experiment wurden Hunde in drei Versuchsgruppen eingeteilt. Im ersten Versuchsdurchgang bekam eine Gruppe elektrische Schocks ausgeteilt, sie konnten diese aber mittels eines Hebels aussetzen. Diesen Mechanismus verstanden die Hunde sehr schnell und so hatten sie auch keine Probleme mehr mit den schmerzhaften Stromschlägen. Die zweite Hundegruppe bekam ebenfalls Elektroschocks, war ihnen aber hilflos ausgeliefert. Sie mussten sie über sich ergehen lassen. Sie gewöhnten sich daran – was blieb ihnen anderes übrig? Die dritte Gruppe, die Kontrollgruppe, bekam überhaupt keine Elektroschocks.

Im zweiten Versuchsdurchgang erhielten alle drei Gruppen Elektroschocks – und es gab diesmal keine Möglichkeit, sie mittels eines Hebels zu beenden. Aber es bestand eine ganz einfache Fluchtmöglichkeit aus dem Versuchsraum: Die Tür war offen und die Hunde konnten ungehindert weglaufen.

Nun ergab sich ein interessantes Phänomen: Die Hunde, die gelernt hatten, den Hebel zu betätigen, um die Schocks zu beenden, hatten damit auch gelernt, dass sie etwas unternehmen konnten, um aus ihrem Leid auszubrechen. Diese Hunde waren es, die am schnellsten erkannten, dass sie durch die offene Tür entkommen konnten. Weg waren sie! Auch die Kontrollgruppe, welche im ersten Versuchsdurchgang keine Elektroschocks erhalten hatte, war schnell draußen – kein Wunder! Die Hunde aus der zweiten Gruppe aber, welche im ersten Versuchsdurchgang erfahren hatten, dass es keinen Ausweg aus den Schocks gibt, blieben apathisch liegen und ließen die Elektroschocks über sich ergehen. Die offene Tür haben sie erst gar nicht wahrgenommen.

Viele Menschen verhalten sich vergleichbar einem Hund der zweiten Gruppe: Sie merken gar nicht, dass die Tür aus der passiven Rolle heraus weit offen steht und sie einfach rausgehen könnten. Solange sie glauben, dass Sie der Situation niemals entkommen können, werden sie es auch nicht schaffen. Sie bleiben sitzen und leiden an der Situation.

Wenn man einen Elefanten mit einem Seil an einen Holzpflock bindet, bleibt er dort, selbst wenn das Holz noch so morsch und instabil ist, dass das Tier den Stamm jederzeit ausreisen und über alle Berge spazieren könnte. Der Elefant tut es nicht, weil er nicht versteht, dass er die Kraft dazu hätte. Und das Verwunderliche daran: Selbst wenn man den Elefanten nach einiger Zeit losbindet, bleibt er noch wochenlang an derselben Stelle stehen, als wäre er angebunden.

Der Elefant ist in der »erlernten Hilflosigkeit« gefangen, wie es viele Menschen auch sind.

Ein weiteres Beispiel dazu: Marlies hat sich eine Wohnung gekauft und arbeitet jahrelang sehr hart, um die Schulden zurückzuzahlen. Die Wohnung hat sie über viele Jahre vermietet.

Eines Tages entdeckt sie in ihrem E-Mail-Account ein Schreiben. »Sehr geehrte Vermieterin, da Ihr Mietzins weit über dem gesetzlich bestimmten liegt, möchte ich Sie darauf hinweisen, dass ich zur Schlichtungsstelle gehen werde, wenn Sie sich nicht auf den vorgesehenen Zins mit mir einigen.«

Ihr stockt der Atem. Sie hat keine Ahnung, dass es einen gesetzlich festgelegten Mietzins gibt. Vor Jahren, als sie begann, die Wohnung zu vermieten, hat sie ein Schätzgutachten von dem Objekt erstellen und so auch den Mietzins festlegen lassen. Als sie Ihren Anwalt zu dem Thema befragt, meint dieser: »Ja, es gibt ein Gesetz, das besagt, dass alle Wohnungen, die vor 1945 erbaut worden sind, einem sehr niedrig angesetzten gesetzlichen Mietzins unterliegen. Wenn Ihr Mieter nun zur Schlichtungsstelle geht, müssen Sie ihm all die Monate, in denen er mehr bezahlt hat, rückerstatten.«

Marlies ist außer sich: »Das Erste, was dieser Mieter vor Einzug in die Wohnung wissen wollte, war, wann diese erbaut worden ist. Der hat das wohl vorsätzlich gemacht und will nun für 150 Euro pro Monat in einer 75-Quadratmeter-Terrassenwohnung leben. Wie kann es sein, dass jemand einvernehmlich einen Vertrag unterschreibt und diesen dann nachträglich anficht? Was ist dann mit all den Altbauwohnungen, die top saniert mitten im Zentrum von Wien vermietet werden?«

»Wenn sie vor 1945 gebaut worden sind, unterliegen sie auch dem gesetzlichen Mietzins.«

Einen Tag nach der neuen Erkenntnis über die Vermietsituation wird Marlies in der Firma von ihrem Chef ins Besprechungszimmer gerufen. Die Denkfalten an der Stirn von Herrn Waimer kennt sie bei ihm nur aus Krisensituationen. Was will er ihr mitteilen? Sie schleicht ihm nach ins Besprechungszimmer.

»Marlies, magst du einen Kaffee?«

»Ja, gerne!« Sie setzt sich auf den ihr zugewiesenen Platz. Er kommt mit dem Kaffee wieder. Noch ehe sie den ersten Schluck getan hat, schießt es aus ihm raus: »Marlies, wir müssen dir kündigen. Es gibt keine Aufträge mehr.«

Ihr schnürt es den Hals zu. Sie kann nicht mehr schlucken. Sie will etwas sagen, bringt aber kein Wort heraus. Wie im Schock steht sie auf und schleppt sich aus dem Zimmer. Sie sieht ihren Chef noch kurz an. Seine Lippen sind zusammengekniffen. Schwerfällig flüstert er: »Es tut mir leid, Marlies!«

Ihr rollen die Tränen über die Wangen. Verzweiflung macht sich in ihr breit. Es fühlt sich innerlich so an, als wenn sich Rauch überall in ihrem Körper verbreitet. Sie bekommt fast keine Luft mehr.

Wo war die Frau, die sie immer sein wollte? Erfolgreich. Managerin einer Firma. Beruflich ganz oben an der Spitze. Top-Gehalt. Jetzt ist sie vierunddreißig und hat einen Haufen

Schulden und hat gerade ihren Job verloren. Von der Ausbildung her hätte sie alles werden können. Aber sie hat sich vor fünf Jahren für einen Job als freie Dienstnehmerin entschieden. So konnte sie jederzeit für ein paar Monate auf Reisen gehen. Sie hat sich frei gefühlt. Da hat sie sogar darüber hinweggesehen, dass ihr der Job gar keinen Spaß gemacht hat.

Jetzt ist sie arbeitslos. Sie fühlt sich wie auf der sinkenden Titanic. Sie ist auf der Suche nach einem Rettungsboot. Nach irgendetwas zum Festhalten. Sie findet nichts.

Damals wusste Marlies noch nicht, dass diese Situation nichts als ein Wink des Schicksals war, endlich *ihren* Weg zu gehen.

Sie fragt ihren Freund: »Heiner, kannst du mir das erklären? Warum immer ich?«

»Marlies, das hat alles einen Sinn. Den erkennst du allerdings meist erst etwas später. Irgendetwas musst du daraus lernen. Zum Beispiel hatte ein Freund von mir mit vierzig Jahren einen Bandscheibenvorfall und musste seinen Job aufgeben. Jetzt, sieben Jahre später, sagt er: »Das ist das Beste, was mir damals passieren konnte, denn jetzt führe ich das Leben, von dem ich immer geträumt habe. Nun kann ich viel reisen und habe trotz Rückenproblemen das Windsurfen erlernt. Den Job habe ich auch gewechselt.« Ein weiteres Beispiel aus meinem Freundeskreis: Einer Freundin von mir wurde das Auto gestohlen. Sie sagt jetzt: »Ich habe daraus gelernt, mich nicht mehr an Besitz zu klammern. Wenn ich Materielles habe, gut und schön, wenn es wieder weg ist, auch gut und schön. Ich fühle mich jetzt freier als je zuvor.« Und ich kann dir versprechen: Wenn du diese Probleme nicht hättest, dann hättest du andere. Das Leben ist voller Herausforderungen. Die Frage ist: Wie gehst du damit um? Frag dich einfach: »Warum immer ich? Aber nicht bei Situationen, die du mühsam findest, sondern bei Situationen, über die du dich freust. Es geht um deine Einstellung. Das Leben wird dir eine Herausforderung nach der anderen auf dem Silbertablett präsentieren. *Was* genau willst du? Ein Leben, das immer schön glattläuft? Dass rein gar nichts passiert? Dass alles wie am Schnürchen läuft? An was sollst du dann noch wachsen?«

Marlies nickt nachdenklich.

»Wann lernst du am meisten? Wenn alles in geregelten Bahnen verläuft oder wenn du immer wieder vor neue Aufgaben gestellt wirst?«

»Es sind wohl die neuen Aufgaben.«

Heiner lässt nicht locker: »Und *was* genau willst du?«

»Ich möchte die innere Gewissheit, dass ich die Herausforderungen, mit denen mich das Leben konfrontiert, auch irgendwie lösen kann.«

»Gratuliere! Das ist, was man Freiheit nennt. Du kannst nicht vorausahnen, was im Leben passiert, aber du kannst selbst steuern, wie du die Situationen wahrnimmst, die dir begegnen. Du kannst selbst steuern, was du daraus lernst und wie du daran wachsen kannst.«

Heiner sieht Marlies an, um festzustellen, ob sie ihm noch folgt. Er zeichnet einen Kreis auf ein Blatt Papier und schreibt »Ich« hinein. Dann zeichnet er einen größeren Kreis rundherum. Und einen Pfeil, der von außen an den Kreis andockt – dieser Pfeil symbolisiert die derzeitige finanzielle Unsicherheit von Marlies. Er zeichnet viele weitere Pfeile, die den Kreis von außen zu attackieren scheinen. Damit will er ihr klarmachen: Wenn Marlies ihr finanzielles Problem löst, kann sie mit der Situation umgehen und ihr Wirkungsradius hat sich vergrößert.

Er zeichnet einen Kreis um die beiden inneren Kreise. »Nun bist du gewachsen. Rate mal, was jetzt passiert?«

»Keine Ahnung!«

»Das nächste Problem taucht auf!« Heiner grinst. Und es quält dich so lange in immer wechselnden Gewändern, bis du es gelöst hast. Dann ist dein Wirkungsradius noch größer. Und was passiert dann?«

»Das nächste Problem!« Marlies lächelt.

»Wenn du keine Herausforderungen willst, dann leg dich ins Grab.«

Marlies schaut Heiner an und lacht laut auf.

»Denn das Leben lässt dich mit allen Stürmen und Wogen spüren, dass du lebst. Willst du wahrhaft leben, dann akzeptiere die Herausforderungen und wachse daran«, bilanziert Heiner.

Was wollen Sie?

Eigenverantwortung über Ihr Leben, statt sich gefühlsmäßig von außen dirigieren zu lassen? Raus aus der passiven Opferrolle?

Manche Menschen haben sich allerdings in dieser Opferrolle schon eingerichtet. Fragen Sie sich dann, wozu Ihnen die Opferrolle dient. Denn solange diese einen Nutzen hat, wird sich daran auch nichts ändern.

Zur Verdeutlichung eine Geschichte aus meiner eigenen Familie: Meine Cousine Jenny hatte zum Beispiel große Freude daran, ständig irgendwelche Krankheiten zu erfinden, die sie angeblich immer wieder heimsuchten. Der Nutzen war, Aufmerksamkeit und Mitleid von ihren Mitmenschen zu bekommen. Das sagte ich ihr auch ganz direkt. Sie war zunächst erschrocken, da ihr das wohl noch niemand so ehrlich gesagt hatte.

»Diese Art der Aufmerksamkeit, die du durch das Jammern bekommst, ist nicht Liebe. Deine Freunde denken sich höchstens: ›Nein, jetzt muss ich schon wieder auf einen Besuch ins Krankenhaus.‹ Ja, deine Freunde werden dich weiterhin besuchen. Aber nicht aus Liebe. Willst du ein mühsames Pflichtprogramm für andere Menschen sein oder willst du um deiner selbst willen gemocht werden?«

Seit diesem Zeitpunkt hat sich Jenny sehr verändert. Sie hat aufgehört, zu jammern, und ist komischerweise auch viel gesünder als früher.

Also überlegen Sie sich, ob die passive Opferrolle für Sie mit einem Nutzen verbunden ist, und wenn das der Fall sein sollte, beseitigen Sie diesen so schnell wie möglich. Denn sonst wird sich die Situation nie ändern.

Warum wollen Sie raus aus der Opferrolle? Schreiben Sie es bitte auf. Nur wenn Sie wissen, *warum* Sie etwas ändern wollen, werden Sie auch motiviert sein, es durchzuziehen.

Wie schaffen Sie den Sprung nach draußen?

Zurück zur Geschichte mit Marlies: Sie ist in einer schwierigen finanziellen Situation. Sie hat Schulden, ihr Mieter ist zur Schlichtungsstelle gegangen, um den Nettomietzins aufs Minimum zu drücken, ihr ist von ihrem Arbeitgeber gekündigt worden und sie bekommt als freie Dienstnehmerin fast kein Arbeitslosengeld.

Sie fragt sich: »Was kann ich tun, um mein finanzielles Problem zu lösen?« Damit regt sie den kreativen Teil in sich selbst an. Dieser liefert ihr dann auch Lösungsvorschläge. Wichtig ist, dass sie diese Vorschläge einfach aufschreibt, vorerst ohne zu bewerten, ob diese möglich und umsetzbar sind oder nicht.

Marlies' »kreativer Teil« liefert ihr folgende Ideen: um Sozialhilfe ansuchen. Sich selbstständig machen mit Seminaren und Vorträgen. Ein Buch schreiben. Den Mieter fragen, ob er gegen einen bestimmten Betrag aus der Wohnung ausziehen würde. Die Wohnung verkaufen. Mit dem Erlös eine neue Wohnung suchen, die nach 1945 gebaut worden ist, und diese dann mit einem entsprechenden Zins vermieten. Wenn die Mieter trotz finanziellem Angebot nicht ausziehen wollen, dann die Wohnung trotzdem verkaufen. Mit der Bank reden, dass die Schuldenrückzahlungen vorübergehend auf Eis gelegt werden. Die Wohnung verkaufen, die Schulden zurückzahlen. Mit dem Geld, was übrig bleibt, die selbstständige Tätigkeit aufziehen. Sich einen Teilzeitjob suchen und nebenbei die selbstständige Tätigkeit aufziehen. Auf psychischer Ebene mit sich arbeiten: Was bin ich mir selbst wert?

Nun fragt sie ihren »Handlungsteil«: »Wie ist das Ganze umsetzbar?«

Sie erkundigt sich beim Sozialamt und erfährt, dass sie mit einer Eigentumswohnung, auch wenn diese noch nicht abgezahlt ist, keine Mindestsicherung erhält. Dann erkundigt sie sich bei der Bank, ob sie die Schuldenrückzahlungen vorübergehend auf Eis legen kann, auch wenn sie wieder einen Job gefunden hat. Ihr Berater bei der Bank schlägt vor, die monatlichen Raten vorübergehend auf ein Minimum zu senken. Auf Eis legen könne er diese leider nicht. Bei der Schlichtungsstelle schlägt sie vor, dass sie dem Mieter seine »zu viel« bezahlte Miete rückerstattet und ihm noch 3000 Euro drauflegt, wenn er innerhalb von zwei Monaten aus der Wohnung auszieht. Wenn das nicht möglich ist, überlegt sie sich mit ihrem Anwalt die nächsten Schritte.

Nachdem der Mieter nicht ausziehen will, lässt sie innerhalb der gesetzlichen Drei-Monats-Frist, nach Bescheid der Schlichtungsstelle, nachträglich eine Lüftung im Badezimmer einbauen, um den Zins von Kategorie C auf Kategorie A anzuheben. Und Sie geht zur Baupolizei, um sich den Bauakt der Wohnung anzusehen. Nachdem die Wohnung im Zweiten Weltkrieg von einer Bombe getroffen und anschließend wiederaufgebaut wurde, kann sie nun einen »angemessenen« Mietzins verlangen. Das heißt, die Einbußen bei der Miete halten sich in Grenzen. Und nach vier weiteren Monaten findet sie einen Käufer für die Wohnung samt Mieter, verkauft die Wohnung und kauft eine, die nach 1945 gebaut wurde, um diese dann mit freiem Mietzins zu vermieten.

Sie findet einen 30-Stunden-Job als sozialpädagogische Betreuerin für Migranten. Wenn sie von der Arbeit nach Hause kommt, sitzt sie Stunde um Stunde, um sich genau zu überlegen, wie sie ihre zukünftigen Seminare aufziehen kann. Und über was genau sie Seminare halten möchte.

Sie hat viele der Möglichkeiten, die ihr der »kreative Teil« angeboten hat, gleich umgesetzt. Nach einem halben Jahr merkt sie, dass sie vollkommen ausgebrannt ist. Nun kommt der »Feedback-Teil« ins Spiel.
Marlies fragt sich, ob es noch Verbesserungsmöglichkeiten für ihre schon umgesetzten Veränderungen gibt. Schnell wird ihr klar, dass sie die wichtigsten Veränderungen gut umgesetzt hat, dass sie aber auch wieder mehr Zeit für ihre Freunde und insgesamt mehr Spaß im Leben bräuchte.

Nun kommt wieder der »kreative Teil« ins Spiel. Sie fragt sich: »Was gibt es für Möglichkeiten, mehr Spaß, mehr Freizeit, mehr Lockerheit in mein Leben zu bringen?«

Die Vorschläge vom »kreativen Teil« sind: am Wochenende auf keinen Fall arbeiten. Dinge machen, die Spaß bringen. Zum Beispiel mountainbiken, Salsa tanzen usw. Sich fünf verschiedene Menschen suchen, die sich erfolgreich als Trainer und Autoren selbstständig gemacht haben, und diese fragen, wie genau sie das gemacht haben. Den gemeinsamen Nenner aus diesen Geschichten dann für den eigenen Weg nutzen.

Dann folgt wieder der »Handlungs-Teil«, dann der »Feedback-Teil« usw. Bitte immer in dieser Reihenfolge, sonst funktioniert der Weg aus der passiven Opferrolle nicht. So lange, bis Sie eine befriedigende Lösung gefunden haben. Kreieren Sie Ihr Leben selbst!

Raus aus der Opferrolle mit der WWW-Methode

Was wollen Sie?
Agieren statt reagieren?
Raus aus der Opferrolle, rein ins Handeln?

Warum?
Nachdem Sie sich gefragt haben, ob die Opferrolle Ihnen einen Nutzen bringt, und Sie diesen gegebenenfalls in dem Kontext gelöst haben, fragen Sie sich, *warum* Sie rauswollen aus der Opferrolle. Das löst Gefühle in Ihnen aus und veranlasst Sie erst, zu handeln.

Wie?
Es spricht nichts dagegen, in manchen Situationen einfach einmal verzweifelt zu sein. Das ist normal. Nur irgendwann muss dieses Gefühl ein Ende haben. Möglichst, bevor Sie in die Depression abrutschen.

Fragen Sie Ihren »Kreativ-Teil«: Was kann ich tun, um das Problem zu lösen? Und bitte noch keine Einwände zu den Ideen. Lassen Sie bitte einfach Ihre kreative Energie fließen, ohne Bremse.

Erst dann fragen Sie den »Handlungs-Teil« in Ihnen: Wie ist das umsetzbar? Dann setzen Sie die Idee eine Weile um.

Und anschließend fragen Sie Ihren »Feedback-Teil«: Gibt es Verbesserungsvorschläge?

Wenn ja, bitte zurück zum »Kreativ-Teil«, »Handlungs-Teil«, Umsetzung und falls nötig wieder zum »Feedback-Teil«. Bitte immer genau in dieser Reihenfolge, das ist wichtig. So lange, bis Sie die Lösung gefunden haben!

Teil 2: Authentisch sein

4 Wozu sind Sie auf der Welt?

Ein Drittel der Therapie-Patienten leidet nicht an einer Neurose, sondern an der gefühlten Sinnlosigkeit ihres vermeintlich leeren Lebens. Wie aber kann man solch einem Gedankengang entfliehen?

Zuerst einmal müssen Sie sich die Frage stellen: Worum geht es hier auf dieser Welt?

Als Sie auf die Erde gekommen sind und den Mutterleib verlassen haben, gab es in Ihrer Familie viele Menschen, die Sie glücklich empfangen haben. Und irgendwann werden Sie diesen Planeten genauso wieder verlassen, wie Sie gekommen sind, und Ihre Familie und Freunde werden Tränen vergießen, weil Ihr Körper wieder zu Staub und Asche zerfällt.

Die Frage ist: Was machen Sie in der Zeit von Ihrer Geburt bis zu Ihrem Tod?

Unter die Erde können Sie nichts mitnehmen. Wenn Sie genau überlegen, geht es nicht darum, möglichst viel Geld zu verdienen, nicht darum, besonders attraktiv zu sein, nicht darum, sehr erfolgreich zu sein. Wozu der ganze Zirkus also? Was soll das Ganze hier? Wissen Sie, was unser einziger Daseinszweck ist? Glücklich leben. Sonst nichts.

Und wie leben Sie glücklich? Wenn Sie *sie selbst* sind und ein Vermächtnis hier auf dieser Erde hinterlassen.

Falls Sie jetzt glauben, dass mit Ihrem Leben etwas nicht stimmt: keine Sorge. Bevor Sie an der richtigen Tür ankommen, müssen Sie an vielen falschen geklopft haben, sonst würden Sie die richtige gar nicht erkennen.

Genauso ging es auch Albert. Auch er hat an vielen falschen Türen geklopft.

Albert verfügt über ein ziemlich großes Selbstbewusstsein. Er betritt den Raum nicht; er erscheint. Er ist ein groß gewachsener Mann mit einem markanten Gesicht. Doch der Schein trügt.

Sobald er sich in den Coachingsessel fallen lässt, scheint seinem Gesicht alles Blut zu entweichen. Sein Blick wird leer und er lächelt mich wie aus Glasaugen an. Es scheint, als wäre eine Maske von seinem Haupt abgefallen. Und darunter kommt der wahre Albert zum Vorschein. Sein Kopf scheint unabhängig vom Körper zu funktionieren. Der Körper hängt am Hals, wie ein nicht dazugehörender Fremdkörper.

Mit eisiger Stimme beginnt er zu sprechen: »Ich bin Manager einer Firma. Ich verdiene monatlich so viel wie der Durchschnittsbürger in zehn Jahren. Ich habe ein großes Haus. Vor meiner Türe steht ein Porsche. Ich kann mir alles kaufen, was mein Herz begehrt. Das Ziel, Millionär mit vierzig Jahren zu sein, habe ich erreicht. Jetzt bin ich sechsundvierzig. Und ich bin nicht glücklich. Mein Leben fühlt sich an wie eine Wunde, die permanent blutet. Sie wächst nicht zu, weil ich selber immer wieder Salz hineinstreue.«

»Wo hast du dir die Wunde zugezogen?«

»Schon als Fünfzehnjähriger. Mitten in der Pubertät hatte ich andere Sorgen, als für die Schule zu lernen. Und so hatte ich mir mal wieder eine Nacht um die Ohren geschlagen und kam in der Früh, total müde von der durchzechten Nacht, nach Hause. Mein Vater, ein angesehener Rechtsanwalt, war gerade dabei, das Haus zu verlassen, um in die Arbeit zu fahren. Er sah mich verächtlich von oben bis unten an: ›Du wirst es nie zu etwas bringen, du Versager!‹ Das hat sich bei mir tief ins Fleisch geschnitten.«

Albert leidet daran, vom eigenen Vater nicht so akzeptiert zu werden, wie er ist. Und er streut immer wieder Salz in diese Wunde, indem er sich immer wieder selbst als »Versager« bezeichnet. Beruflich hat ihn das zwar ganz nach oben gebracht, aber trotz des vielen Geldes ist er nicht glücklich.

Er hat schon viele verschiedene Dinge probiert, um Erfüllung zu finden.

»Ich habe abgenommen, nur um festzustellen, dass es nicht das ist, was mich glücklich macht. Ich habe mit Sport begonnen. Auch darin liegt das Glück nicht begraben. Ich habe Reisen unternommen, nach Asien, Südamerika, in die Karibik. Auch damit war ich nicht zufrieden. Ich habe Drogen probiert und mit Alkohol mein für mich leeres Leben kurzfristig aus meinem Geist verdrängt. Dann war ich für einen Moment sorgenlos und spürte ein kleines Fünkchen Glück. Aber ich kann mich ja nicht jeden Tag betrinken, um zufrieden zu sein. Da muss es noch etwas anderes geben. Ich suche weiter. Jetzt bin ich bei dir gelandet.«.

»Nach was suchst du?«

»Nach Glück!«

Also frage ich ihn, um was es hier auf der Welt geht. Ich versuche ihm zu vermitteln, dass man geboren wird und wieder sterben wird. Von daher geht es nicht darum, irgendwelchen Ansprüchen der Gesellschaft gerecht zu werden oder seinem Vater etwas zu beweisen. Es geht auch nicht darum, möglichst viel Geld zu verdienen. Einzig und allein geht es darum, damit glücklich zu sein, was man im Leben macht. Das Gefühl zählt.

Darum gebe ich Albert die Aufgabe, andere Menschen zu beobachten. Jeder Mensch findet sein Glück in etwas anderem, die einen im Sport, die anderen in der Arbeit, die nächsten in der Freizeit. Gemeinsam ist allen, dass sie Glück suchen. Und Glück findet man, wenn man seinen Herzensweg geht.

Ich will mich mit Albert über die Frage unterhalten, wozu wir auf der Welt sind. »Es geht um den Grundgedanken, wie du dein Leben betrachtest. Das ist die Basis dafür, dass du auch dein Gefühl verändern kannst. Erst muss dir klar sein, *was* du willst im Leben, um glücklich zu sein. Und genau dieser Frage gehen wir hier nach. Einverstanden?«

»So hab ich mein Leben noch nie betrachtet. Ich philosophiere nicht. Ich denke erfolgsorientiert.« Er sieht mich forsch an.

»Ja, genau. Ich denke auch erfolgsorientiert. Was genau müsste bei der Sitzung herauskommen, dass du das Gefühl hast, das Coaching war erfolgreich?«

Albert schaut mich fragend an: »Na, ich möchte in meinem Leben endlich glücklich sein!«

»Gut, das Ziel ist, glücklich zu sein. Erfolgsorientiert denken heißt, dieses Ziel möglichst ohne Umwege zu erreichen. Jahrelang habe ich in vierzehn verschiedenen Ländern Menschen interviewt, um herauszufinden, was der Faktor für Glück und Zufriedenheit im Leben ist. Und ich habe einen gemeinsamen Nenner bei den sogenannten ›glücklichen Menschen‹ gefunden.«

»Und der wäre?«

Ich lächle ihn an. »Schritt für Schritt. Wir kommen gemeinsam zum Punkt. In Ordnung?«

»Okay.«

»Albert, darf ich dir eine Frage stellen?«

»Ja.«

»Angenommen, du lebst so weiter wie bisher. Und irgendwann blickst du dann von deinem Sterbebett zurück auf dein gelebtes Leben. War dein Leben ein voller Erfolg für dich? Hattest du ein erfülltes Leben?«

»Ehrlich gesagt, nein.«

»Wenn du dein Leben noch einmal leben könntest, was würdest du anders machen?«

»Ich würde mehr Spaß haben. Mehr Zeit mit meinen Freunden verbringen. Weniger darauf achten, was andere von mir denken. Mehr das machen, wozu ich Lust habe. Mehr das machen, worauf mein Herz Lust hat: segeln, surfen, reisen, Kindern die Lust am Leben vermitteln. Voll leben, ohne Wenn und Aber…« Es sprudelt so richtig aus Albert heraus. Erstmalig sehe ich einen Glanz in seinen Augen.

»Ich habe vielen alten Menschen dieselbe Frage gestellt. ›Wenn du dein Leben noch einmal leben könntest, was würdest du anders machen?‹ Die meisten sagten: ›Ich würde mehr Zeit mit geliebten Menschen verbringen.‹ Niemand hat bereut, zu wenige Überstunden gemacht zu haben.«

Es geht darum, den Kern zu treffen. Herauszufinden, *wer* Sie sind. Ihren *eigenen* Weg zu finden und zu gehen. Sie müssen niemandem etwas beweisen. Glücklich sein und das Glück teilen. Sie haben ein Vermächtnis hier auf dieser Welt. Ein Geschenk, welches Sie an andere Menschen weitergeben können.

Mit einer Frage schicke ich Albert nach Hause. Er soll nachdenken, was die Welt davon hat, dass er hier auf der Erde ist. Er verabschiedet sich nachdenklich.

Was leben Sie für ein Leben?
    Eines wie in einer sich wiederholenden Fernsehserie oder ein Leben wie in einem spannenden Roman?
    Ist Ihr Leben trist und leidenschaftslos oder wie ein guter, lehrreicher Film mit all seinen Höhen und Tiefen?
    Hören Sie auf, gegen sich zu arbeiten. Arbeiten Sie mit sich.
    Hören Sie auf, gegen den Strom des Lebens zu rudern. Setzen Sie sich ins Boot und lassen Sie sich stromabwärts treiben. Die Seitenarme des Lebens können Sie sich jederzeit selber aussuchen. Gegen den Strom zu rudern kostet nur Kraft und Sie kommen keinen Meter weiter. Das Boot über Land in einen anderen Flussarm zu tragen bringt auch nichts. Sie erreichen denselben Flussarm auch, wenn Sie, gemütlich in einen Seitenarm lenkend, mit dem Strom rudern.
    Was will ich damit sagen?
    Hören Sie auf, zu kämpfen! Arbeiten Sie mit sich und nicht gegen sich. Finden Sie heraus, wer *sie* sind und *was* Ihr Weg ist. Folgen Sie Ihrem Herzen!

Die WWW-Methode, bei der Frage »Wozu sind Sie auf der Welt?«

Um glücklich zu sein. Nicht mehr und nicht weniger.

Und auf *was* kommt es an im Leben, um sich erfüllt und glücklich zu fühlen?
- Den *eigenen* Weg gehen.
- Sich *selbst* treu sein.
- Ein Vermächtnis hier auf der Erde hinterlassen.

Und *warum* den eigenen Weg gehen? *Warum* Sie selbst sein? *Warum* ein Vermächtnis hinterlassen?
- Weil das die einzige Möglichkeit ist, authentisch zu sein und endlich Ihre Masken fallen zu lassen. Nur wenn Sie wissen, wer Sie selbst sind und was Ihr Herz erquickt, werden Sie auch dauerhaft Erfüllung finden.
- Wenn Sie der Welt ein Geschenk hinterlassen, macht es für Sie subjektiv einen Sinn, auf der Welt gewesen zu sein, und das ist ein wissenschaftlich erprobter Glücks- und Erfüllungsfaktor.

Und *wie* finden Sie nun Ihren eigenen Weg? Und *wie* sind Sie sie selbst? *Wie* wissen Sie, was Ihr Vermächtnis auf dieser Welt ist?
- Stellen Sie sich vor, Sie blicken irgendwann von Ihrem Sterbebett zurück auf Ihr gelebtes Leben:
  - War es ein voller Erfolg für Sie?
  - Wenn ja: Gratulation!
  - Wenn nein: Was hätten Sie anders machen können, damit Sie ein erfülltes und glückliches Leben gelebt hätten?
  - Wie hätte *ihr* Herzensweg ausgesehen?
  - Was hätte Leidenschaft in Ihnen ausgelöst?

- Suchen Sie sich fünf Menschen, die ihren ganz eigenen Lebensweg gehen, der Stimme ihres Herzens folgen, die glücklich sind und ihr Geschenk auf der Welt hinterlassen. Fragen Sie diese Menschen oder lesen Sie in deren Biografien, *wie* sie ihren Lebensweg gefunden haben. Was ist der gemeinsame Nenner?
- Wenn Sie sich die Arbeit selber ersparen wollen, lesen sie in den beiden Folgekapiteln, was ich bei den Befragungen herausgefunden habe.

5 Wer sind Sie?

Sie sind nicht mehr und nicht weniger als ein mit Energie gefüllter Körper. Dieser Körper strebt in eine bestimmte Richtung. Entweder Sie erlauben ihm, seinen Weg zu gehen, oder Sie versuchen ständig, ihn daran zu hindern.

Hindern können Sie ihn, indem Sie zum Beispiel Rechtsanwältin werden, weil Ihr Vater das so wollte, Sie selbst aber eigentlich eher Kindergärtnerin werden wollten.

Also: *Was* wollen Sie?
Versuchen Sie, Sie selbst zu sein und es nicht andauernd nur anderen recht machen zu wollen beziehungsweise jemand anderer zu sein.

Achten Sie auf diese wichtige Unterscheidung: Sie können von anderen Menschen lernen, diese als Mentoren sehen, Dinge nachmachen. Alles, was wir lernen, lernen wir durch Nachahmung. Wenn das nicht der Fall wäre, würden wir noch im Erwachsenenalter in die Windeln machen. Bitte lernen Sie von anderen Menschen, aber versuchen Sie niemals, dieser andere Mensch zu sein. Das kann nur schiefgehen. Sich von anderen Menschen inspirieren lassen, ja, von anderen Menschen lernen, ja, aber bitte bleiben Sie Sie selbst.

Warum?
Weil Sie nur so auf Ihrer Spur sind. Nur so Ihren ganz eigenen Weg gehen. Jemand anderer sein zu wollen ist anstrengend, energieraubend und trostlos, weil Sie das Ziel nie erreichen können.

Also worum geht es dann? Es geht darum, das natürlichste Ich zu finden. *Ihren* Weg zu gehen. *Ihre* wahre Natur zu leben. Viele Menschen leben auf dem Friedhof ihrer Träume, ihre tiefsten Sehnsüchte und Wünsche längst tief unter der Erde begraben. Bitte graben Sie diese wieder aus! Fangen Sie an, *Ihre* eigene Stimme zu hören!

Wie?
Anthony Robbins, einer der bekanntesten Kommunikationstrainer unserer Zeit, war beispielsweise fasziniert von NLP (Neurolinguistisches Programmieren) und hat dies auch bei einem der Gründer erlernt. Im Laufe der Zeit hat er die ursprüngliche Methode mit seinen Erfahrungen erweitert und weiterentwickelt und so eigene Modelle entworfen. Anthony Robbins ist ein Original, der in Seminaren ein Publikum von mehreren tausend Leuten begeistert. Er hat von vielen Menschen gelernt und seinen ganz eigenen Stil daraus gemacht.

Jedes Problem, jede Krankheit, jeder Schicksalsschlag kann in seiner Lösung Hinweis auf den eigenen Lebensweg, auf das wahre Selbst sein.

Dazu ein Beispiel: Marietta hat plötzlich ein Stechen im Bauch. Nachdem sie Schmerzen schon immer verdängt hat, wartet sie Monate, bis sie endlich zum Arzt geht. Dieser sieht sie nach der Untersuchung traurig an und sagt: »Sie haben einen großen Tumor im Bauch.«

Marietta bleibt die Spucke weg und mit tränenerstickter Stimme fragt sie: »Wie lange habe ich noch auf dieser Erde?«

»Maximal ein Jahr.«

Als sie die Arztpraxis verlässt, kramt sie nach ihrem Handy in der Tasche und wählt sofort die Nummer ihres besten Freundes Axel.

»Hey, Marietta, ich habe gerade Besuch aus China und kann deshalb nicht so lange telefonieren.«

»Das trifft sich gut. Ich komm gerade vom Arzt.« Ihr verschlägt es die Stimme.

»Wegen deiner Bauchschmerzen?«

»Ja.«

»Was ist los?«

»Ich habe Krebs. Der Arzt gibt mir noch ein Jahr.«

Auf der anderen Seite der Leitung wird es still. Nach einer

Schweigeminute sagt Axel: »Komm bitte sofort vorbei. Vielleicht kann dir mein Freund helfen.«

Jin Chang untersucht Marietta und verschreibt ihr Heilkräuter. Zudem verpasst er ihr eine Akupunktur.

Marietta trinkt nun Woche für Woche den bitteren chinesischen Heilkräuter-Tee und lässt sich von einem hiesigen chinesischen Mediziner alle drei Tage akupunktieren. Der Tumor bleibt vorerst bei seiner Größe. Sie hat die Hoffnung schon aufgegeben. Sie muss sich einer Chemotherapie unterziehen. Auch die schlägt nicht an. Nach fünf Monaten bemerkt sie plötzlich eine Besserung. Sie kann wieder müheloser aus dem Bett aufstehen als die Wochen zuvor. Sie isst wieder zwei Scheiben Brot zum Frühstück statt wie die letzten Wochen nur zwei Bissen. Als Marietta zur Kontrolluntersuchung geht, stellt der Arzt fest, dass der Tumor kleiner geworden ist. Marietta trinkt weiter fünf Mal täglich die bittere chinesische Medizin und lässt sich alle drei Tage zur Akupunktur die Nadeln in die Haut stechen. Nach weiteren drei Monaten ist der Tumor plötzlich nicht mehr auffindbar. Nach acht Monaten chinesischer Behandlung ist Marietta gesund.

Marietta sagt heute über diese Zeit: »Ich stand mit einem Fuß schon im Grab. Und das mit vierunddreißig Jahren. Ich bin so dankbar, dass ich noch eine zweite Chance im Leben erhalten habe. Meinen Job als Wirtschaftsprüferin, der mich schon immer gelangweilt hat, habe ich inzwischen an den Nagel gehängt. Ich habe die Ausbildung zur chinesischen Medizinerin gemacht und war inzwischen auch schon vier Mal in Asien, um auch vor Ort dazuzulernen. Um Kunden brauchte ich mir nie Sorgen zu machen, die stehen vor meiner Praxis Schlange. Das liegt wohl daran, dass ich selbst einen Heilungserfolg mit der chinesischen Medizin hatte und dass ich meine Mission auf dieser Welt gefunden habe und meine Arbeit mit Leidenschaft mache. Das spüren die Menschen.«

Auch Rosina hat ihren Weg gefunden.

Ich frage sie: »Wie fühlt sich das an, den Lebensweg gefunden zu haben?«

»Wenn du auf deinem Weg bist, musst du nicht mehr kämpfen. Alles fühlt sich mühelos und leicht an. Wenn sich etwas unrichtig oder falsch anfühlt, dann ist es nicht das Richtige, dann lass es bleiben.«

»Und wie hast du deinen Weg gefunden?«

»Ich habe immer so verrückte Künstler als meine Partner angezogen. Um die nicht mehr reihenweise auf der Matte stehen zu haben, habe ich beschlossen, selber die verrückte Künstlerin zu werden. Ich habe geahnt, dass die Kunst wohl ein Teil von mir selbst sein muss, den ich bis dato nicht gelebt hatte. Also habe ich eine Kunsttherapieausbildung absolviert und mir ein Atelier gemietet. Heute arbeite ich als Kunsttherapeutin und Malerin.«

Ich lächle sie an. »Welchen Tipp würdest du anderen geben, ihren Lebensweg zu finden?«

»Den eigenen Lebensweg findest du wie beim Einkaufen von Kleidungsstücken. Nimm einfach das, womit du dich am wohlsten fühlst, und lass liegen, was sich nicht gut anfühlt.«

Ein weiterer Tipp von Rosina ist, immer das große Ganze zu betrachten, da sich nur so ein roter Faden finden lässt, der sich durchs eigene Leben zieht. Sie erzählt noch ein Beispiel von ihrer Freundin Elvira, um klarzumachen, was sie meint. Ihre Freundin wurde kurz nach dem Zweiten Weltkrieg geboren und wächst in einem kleinen Dorf am Land auf. Als Kind lebt sie mit ihren Eltern und ihren vier Geschwistern in einem Haus am Waldrand. Im Nachbarhaus wohnt eine allein stehende Frau, die immer wieder delinquente Freunde bei sich unterbringt. Einer davon scheint ihr Partner zu sein. Als er nach dreijähriger Haftstrafe wieder auftaucht, beobachtet Elvira, wie die beiden eng umschlungen miteinander spazieren gehen. Seit dem Tag hat Elvira ihre Nachbarin nie wieder gesehen. Drei Monate später wird die Frau in einer Höhle in der

Nähe der Ortschaft tot aufgefunden. Ihr »Liebhaber« hat sie ermordet.« Elvira begann sich also schon als Kind zu fragen, was Menschen dazu bewegt, andere Menschen zu töten. Was geht in so einem Menschen innerlich ab?

Ihr ganzes Leben hat sie eines immer wieder beschäftigt: »Was steckt hinter der Maske, die wir von Menschen zu sehen bekommen? Warum handeln Menschen, wie sie handeln?«

Heute ist Elvira Therapeutin und arbeitet mit straffällig gewordenen Jugendlichen.

Es hat alles seinen Sinn im Leben. Ob es eine Krankheit, ein Schicksalsschlag, ein Problem ist. Manchmal erkennt man diesen erst viel später. Fragen Sie sich immer nachträglich: »Was wollte mir das Leben mit dieser Situation zeigen? Was kann ich daraus lernen?«

Reinhold Messner, einer der bekanntesten Bergsteiger unserer Zeit, sagt: »Der Weg erschließt sich im Gehen.« Damit ist gemeint: Setzen Sie sich sehr wohl Ziele. Sie können im spannenden Abenteuer Leben nur nicht alles im Voraus planen. Sie müssen sich eher drauf einlassen. Das Neue kommt sowieso. Die Frage ist eher, ob Sie die Türe aufmachen oder eben nicht.

Gehen Sie raus ins Leben! Lassen Sie sich aufs Neue ein! Freiheit ist, zu wissen, dass man mit sämtlichen Situationen zurechtkommen wird. Gehen Sie wieder staunend durchs Leben, wie ein Kind.

Sammeln Sie neue Erfahrungen. Und auch aus vielleicht zunächst negativen Erfahrungen kann man Positives ziehen.

Betrachten Sie das Leben wie ein Basketballspiel. Wenn Sie alleine vor dem Netz stünden und einen Korb nach dem anderen werfen, wäre das Spiel ziemlich uninteressant. Aber auf jeden Fall wären Sie sehr erfolgreich. Das ist, was viele Menschen vom Leben erwarten. Vor dem Netz zu stehen und einen Treffer nach dem anderen zu landen. Spätestens nach einer Stunde wird Ihnen selbst stinklangweilig.

Spannend wird das Leben erst, wenn andere Spieler aufs Feld kommen und wenn es ein Team gibt, und auch eine gegnerische Mannschaft. Erst dann fühlen Sie sich lebendig. Und erst dann wird es auch für die Zuschauer interessant.

Also, was wollen Sie?

Ein Leben wie ein spannendes Basketballspiel oder alleine vorm Netz stehen und hundertprozentigen Erfolg?

Erst durch neue Erfahrungen wird das Leben interessant. Sich nur in seinen vertrauten Bahnen zu bewegen bedeutet vielleicht Sicherheit, aber eben auch Gewohnheit.

Worum geht es im Leben? Sie kommen auf die Welt und sterben wieder. Sie können ins Jenseits nichts mitnehmen. Das einzige, was Sie machen können, ist, sich hier eine gute Zeit zu machen. Hören Sie nicht nur auf andere, sondern in erster Linie auf sich selbst!

Wonach strebt der Mensch in all seinen Handlungen? Danach, glücklich zu sein.

Wonach sucht der Mensch? Nach sich selbst.

Was kann man unter dem »sich selbst« verstehen? Den eigenen Lebensweg. Den Weg, der genau Ihrem innersten Gefühl entspricht.

Wie finden Sie nun Ihren eigenen Weg mit der WWW-Methode?

Was wollen Sie?
Sie selbst sein?

Warum?
Es ist anstrengend, jemand anderer sein zu wollen. Energieraubend und unbefriedigend, weil Sie das Ziel nie erreichen können. Und ich bezweifle, dass Sie irgendwann auf Ihr gelebtes Leben zurückblicken und sich vorwerfen: Ach, hätte ich doch mehr darauf geachtet, was der Nachbar sagt!

Wie werden Sie *sie* selbst?
Fragen Sie andere Menschen, denn Lernen ist erlaubt:
    Hast du deinen Lebensweg gefunden?
    Wie fühlt sich das an?
    Wie hast du ihn gefunden?
    Welchen Tipp würdest du anderen geben, ihn zu finden?
Fragen Sie sich selbst:
    Was würde mich inspirieren? Was würde mich zu neuem Leben erwecken?
    Wie würde ein Leben aussehen, das mich selbst zum Staunen bringt?
    Was wünsche ich mir so sehr, dass alleine der Gedanke daran ein Lächeln in mein Gesicht zaubert?
    Was würde ich im Augenblick liebend gerne tun?
    Wie wäre ich gerne?
    Suche ich derzeit, was ich finden will?
    Wenn mir jemand eine Million dafür böte, meinen Lebensweg zu gehen, was würde ich tun?

Leben Sie Ihr Potenzial! Seien Sie ehrlich zu sich selbst!

6 Was ist Ihr Vermächtnis?

Was tun Sie auf dieser Welt, was dem Allgemeinwohl dient? Warum sollen Sie sich überhaupt darüber Gedanken machen?

Weil es auf dieser Welt nicht nur um das »Ich« geht. Weil der ständige Egoismus zu Depressionen führen kann. Weil Egoismus zumeist nicht glücklich macht. Wissenschaftliche Studien belegen, dass Menschen glücklicher sind, die nicht nur an sich denken, sondern auch etwas zum Allgemeinwohl beitragen. Jeder von uns ist mit einem Geschenk auf die Welt gekommen, um dieses hier auf der Erde abzuliefern. Was ist Ihr Geschenk? Was ist Ihr Vermächtnis?

Viele Menschen jagen nur dem Geld hinterher. Damit sie sich mehr Jachten und Hubschrauber kaufen können. Andere sind Leiter von großen Konzernen und überlegen sich, wie sie die Welt in ihre Macht bekommen können. Aber was ist das für ein Denken?

Es spricht nichts dagegen, Geld zu verdienen. Es spricht nichts dagegen, in angemessenem Wohlstand zu leben. Die Frage ist nur: Nützt Ihre Lebensmission dem Allgemeinwohl oder nur Ihnen selbst?

Nur für sich in Saus und Braus zu leben macht nicht glücklich. Sehen Sie sich Menschen an, die vermeintlich alles haben. Geld, teure Luxushäuser, Autos, Ruhm. Und doch greifen einige davon zu Alkohol oder Drogen, weil die aufgebaute Scheinwelt hohl und leer ist. Sie gibt keine Essenz. Sie macht keinen höheren Sinn.

Was können Sie jetzt also für die gute Energie auf dieser Welt beitragen?

Aus der Praxis ein Beispiel: Enrique ist Arzt. Mit seinen blauen Augen sieht er mich fordernd an.

»Enrique, was ist das Geschenk, welches du hier auf der Welt hinterlässt?«

»Mir ist es wichtig, dass wir unseren wunderschönen Planeten in seiner Pracht und Vielfalt erhalten. Ein interessantes Thema derzeit sind gentechnisch veränderte Lebensmittel. Ich setze mich dafür ein, dass Europas Ackerflächen gentechnikfrei bleiben.«

Enrique erklärt mir, dass gentechnisch veränderte Getreideproduktion zur Monopolisierung der Nahrung dient. Ein großer Konzern beherrscht schon heute mehr als zehn Prozent der Welt-Ackerfläche mit seinen gentechnisch veränderten Getreidesorten. Diese Getreidesorten sind so konzipiert, dass die Samen nur einmal keimen und dann absterben. Das bedeutet, dass der Bauer im folgenden Jahr wieder von diesem Konzern Saatgut kaufen muss.

Was allerdings die wenigsten wissen: Wenn wir gentechnisch veränderte Getreidesorten anbauen, verbreiten der Wind und die Bienen die Pollen weiter, infizieren die heimischen Pflanzen damit und diese keimen dann auch nur noch einmal. Auf den Punkt gebracht: Wenn es so weitergeht, wird es die ursprünglichen Pflanzen schon bald nicht mehr geben. Und wir Menschen machen uns abhängig von zwei, drei Konzernen, die das Getreide der Welt beherrschen. Außerdem müssen wir dann für jedes Gramm Getreide, das wir konsumieren, Patentabgabe bezahlen. Dieses Monopol kann dann ein Druckmittel in sämtlichen Belangen sein. Zudem können durch den Konsum gentechnisch veränderter Pflanzen und Tiere im menschlichen Körper unvorhersehbare Wechselwirkungen und Komplikationen auftreten. Es gibt noch keine Langzeitstudien.

Ich frage Enrique, was genau er gegen die Verbreitung der gentechnisch veränderten Lebensmittel tut.

»Ich halte Vorträge über dieses Thema, um die Bevölkerung aufzuklären. Ich schreibe Zeitungsartikel. Ich schreibe Briefe an die Politiker. Ich habe eine Ärzteplattform gegründet. Mittlerweile sind wir schon an die tausend Leute auf der ganzen Welt, die auf diesem Gebiet zusammenarbeiten.«

»Und was genau kann der Einzelne tun, um eure Belange zu unterstützen?«

»Der Konsument kann sehr viel tun. Nämlich keine gentechnisch veränderten Nahrungsmittel kaufen, sofern diese gekennzeichnet sind. Biologische Lebensmittel sind garantiert gentechnikfrei.«

»Und wenn sich jemand Bioprodukte nicht leisten kann?«

»Eine Untersuchung in Deutschland hat gezeigt, dass Haushalte, die sich biologisch ernähren, deutlich weniger Geld für Nahrung ausgeben als die konventionellen Haushalte. Weil diese nämlich weniger Fleisch essen. Für den Preis von einem Kilogramm Fleisch erhält man sieben Kilogramm Getreide. Und die biologischen Haushalte kaufen Getränke wie Cola usw. und Süßigkeiten nicht so häufig.«

»Was kannst du jetzt jedem Einzelnen empfehlen, fürs Allgemeinwohl zu tun?«

»Bitte, Leute, hört auf zu sagen: ›Da kann man sowieso nichts machen. Ist ohnehin schon alles verseucht!‹ Wenn Sie etwas unternehmen, können Sie gewinnen. Wenn Sie nichts tun, haben Sie bereits verloren. Achten Sie als Konsument drauf, was Sie unterstützen und was nicht. Der Markt wird durch Angebot und Nachfrage bestimmt. Wenn niemand bestimmte Produkte kauft, werden diese auch nicht mehr auf den Markt kommen. Sie können auch NGOs, Tierschützer oder Greenpeace mit einem kleinen monatlichen Beitrag unterstützen. Schauen Sie im Internet nach, was die für Arbeit leisten. Das macht Sinn für unsere Welt. Bitte denken Sie an Ihre Nachfahren. Es sind Ihre Kinder und Kindeskinder. Schaffen Sie Bewusstsein. Halten Sie die Welt sauber, sonst kann irgendwann niemand mehr hier leben.«

»Enrique, und was hast du davon, dass du das alles machst?«

»Weißt du, ich habe dann das Gefühl, ich mache etwas Sinnvolles, Nachhaltiges auf dieser Welt und das erfüllt mich mit einem Glücksgefühl.«

Was ist Ihr Vermächtnis auf dieser Welt? Wo nehmen Sie die Energie her, sich für die Welt einzusetzen?

Gehen Sie *Ihren* Weg! Arbeiten Sie mit sich statt gegen sich! Dann haben Sie auch die Energie, etwas fürs Allgemeinwohl zu tun. Und das ist wissenschaftlich erwiesen ein Faktor, der zum Glücksgefühl beiträgt.

In einem meiner Seminare meldet sich Frederik, ein etwa vierzigjähriger Mann, zu Wort: »Ina, ich habe manchmal das Gefühl, dass mein Leben überhaupt keinen Sinn macht. Ich leite eine Firma, habe viel Geld, ein Haus, ein Auto und ich bin trotzdem total unglücklich.«

Von Armando, einem fünfundzwanzigjährigen jungen Mann, weiß ich, dass er als Jugendlicher drogensüchtig war und jetzt offensichtlich mit sich im Reinen ist. Ich frage ihn: »Armando, würdest du Frederik deine Vorgeschichte erzählen und ihm sagen, wie du es geschafft hast, ins Leben zurückzukommen?«

»Ich war mit siebzehn schon heroinsüchtig und lebte mehr auf der Straße als zu Hause bei meinen Eltern. Ich bin durch meine damalige Freundin in diese Szene reingeraten. Meine Eltern haben mich in eine Entzugsanstalt gesteckt. Ich wäre nie dauerhaft von den Drogen weggekommen, wenn nach dem Entzug nicht eines passiert wäre: Meine Eltern waren so schlau und haben mir gleich nach dem Entzug den Job im Waisenhaus verschafft. Das Lächeln eines Kindes hat mir das Leben gerettet. Ich habe entdeckt, dass sich jemand darüber freut, dass ich auf der Welt bin. Plötzlich hatte ich das Gefühl, gebraucht zu werden. Das Gefühl, dass es einen Sinn hat, auf der Welt zu sein. Ich arbeite jetzt gemeinnützig in einem Waisenhaus. Seitdem interessieren mich Drogen nicht mehr, weil es etwas Größeres gibt, wofür ich hier auf der Welt bin. Und diese Chance nutze ich. Du lebst nur einmal. Und du bist nicht umsonst hier. Sieh dich um. Es gibt so viel Leid. Kremple deine Ärmel hoch und setze dich ein. Du wirst gebraucht!«

Frederik setzt sich nachdenklich wieder hin.

Ein Jahr später schickt er mir eine E-Mail:

»Liebe Ina, Armando hat mit seiner Geschichte mein Leben verändert. Ich habe von einem Moment auf den anderen komplett umgedacht. Sinnlosigkeit passiert nur im Kopf. Dein Leben wird bestimmt davon, wo du deine Aufmerksamkeit hinrichtest. Könntest du bitte meine E-Mail an Armando weiterleiten. Er hat mit seiner Geschichte ein weiteres Menschenleben gerettet: nämlich meines. Und damit viele andere auch, weil das Ganze wirkt wie ein Schneeballeffekt. Ich war noch nie im Leben so glücklich. Es macht Sinn, dass ich hier auf der Welt bin. Ich habe ein Projekt für Straßenkinder in Kolumbien aufgezogen und so keine Zeit mehr, darüber nachzudenken, wie sinnlos mein Leben ist. Danke Ina, Danke Armando.«

Sie müssen nicht gleich eine NGO aufziehen oder Vorträge halten, um Ihr Vermächtnis zu hinterlassen. Es gibt auch andere Möglichkeiten:

Zum Beispiel Andy Holzer, ein heute vierundvierzigjähriger Bergsteiger, der von Geburt an blind ist. Er hat das Unmögliche wahr gemacht: Er hat sechs der sieben höchsten Berge der Welt bestiegen. Er scheint seine Leidenschaft zu leben. Und nun hat er ein Buch geschrieben: »Balanceakt – Blind auf den Gipfel der Welt«, in dem er beschreibt, wie er die Welt mit Mund, Ohren, Nase und Tastsinn wahrnimmt und so die Welt »sieht«. Von Lesern dieses Buches habe ich die Rückmeldung erhalten, dass es sie dazu angeregt hat, ihre Träume wieder auszugraben und das Leben nicht einfach vorbeiziehen zu lassen, ohne seine Leidenschaften gelebt zu haben. Dieses Buch scheint eine Motivation für viele Menschen zu sein, einen Neustart zu wagen.

Auch auf diese Weise ist es möglich, der Welt ein Geschenk zu hinterlassen: Menschen zu inspirieren, noch mehr aus ihren Träumen zu machen.

Willi, ein sehr guter Freund von mir, definiert sein Geschenk für die Welt so: »Ich achte darauf, die Umwelt so gut wie möglich zu erhalten, fahre wenig mit dem Auto, spare beim Strom, baue Obst und Gemüse in meinem eigenen Garten an, kaufe biologische Nahrungsmittel und ernähre mich gesund. Ich treibe viel Sport, das löst Glückshormone in mir aus. Das so gewonnene Glücksgefühl und meine positive, lösungsorientierte Art, zu denken und zu handeln, gebe ich an meine Mitmenschen weiter. Das ist mein Beitrag für diese Welt.«

Stefan wollte schon von Kind auf immer die Welt retten, weil er sah, dass es so viel Unheil gibt. Weil er aber nicht die ganze Welt retten konnte, wurde er depressiv. Nach drei Jahren wachte er auf und hatte eine Erkenntnis: Ich rette die Welt einfach im Kleinen. Ich schaffe einen Platz, der so lebendig wie möglich ist, und stecke damit andere Menschen an. Heute führt er einen Demeter-Bio-Landwirtschaftsbetrieb. Und er nimmt immer wieder Praktikanten auf, um die Idee und Lebensweise nach außen zu tragen. Depressiv ist er nicht mehr.

Marco ist Italiener. Ihn habe ich in Kolumbien kennengelernt. Er hat in Bogota ein italienisches Restaurant aufgezogen. Nahrungsmittel, die in seinem Lokal übrig bleiben und noch in Ordnung sind, wirft er nicht in die Mülltonne, sondern packt sie in Folie ein, schmückt diese mit einem Blümchen und verschenkt die Rationen an Arme, die schon am Hintereingang des Restaurants Schlange stehen.

Was ist Ihr Beitrag?
Was hat die Welt davon, dass es Sie gibt?

Ihr Vermächtnis finden mit der WWW-Methode

Was wollen Sie?
Wissen, was Ihr Geschenk hier auf der Welt ist?

Warum wollen Sie ein Geschenk hinterlassen?
Weil für Sie das Leben erst dann einen Sinn bekommt?
Weil Sie etwas hinterlassen wollen, was Ihr Leben überdauert?
Weil es nachweislich zum Glück beiträgt, einen Beitrag für die Welt zu leisten und nicht nur an sich zu denken?

Wie finden Sie heraus, was Ihr Vermächtnis ist?
Ich habe Menschen, die ihr Vermächtnis auf dieser Welt hinterlassen, befragt, wie sie dieses gefunden haben. Der gemeinsame Nenner ist: Wenn Sie wissen, *wer* Sie sind (Kapitel: Wer bin ich?), und wissen, dass Sie ein Geschenk auf dieser Welt zu geben haben (was für Sie nachweislich zu Glücksempfinden und Sinngefühl beiträgt), dann ergibt sich Ihr Vermächtnis automatisch. Sie müssen jetzt nicht zwanghaft danach suchen, sondern einfach *ihren* eigenen Weg gehen und die Augen offen halten. Wenn Sie Ihrem Herzensweg folgen, sprühen Sie nur so vor Energie und erst dann haben Sie die Muße, sich für andere einzusetzen. Fragen Sie sich immer wieder: Was haben andere davon, dass es mich gibt? Was produziere ich für einen Unterschied auf dieser Welt? Wenn mein Leben eine Botschaft wäre, wie würde diese lauten?

Teil 3: Einen neuen Anfang wagen

7 Sportlich, sportlich!

Wir haben einen Bewegungsapparat! Und keinen Liegeapparat, der nur dafür da ist, im Bürostuhl oder vor dem Fernseher zu lümmeln. Der Mensch ist evolutionär gesehen ein Bewegungstier, das weit gewandert ist, um Nahrung zu suchen.

Wenn Sie sich nackt vor den Spiegel stellen und Ihnen zwei müde Augen entgegenschauen, die Mundwinkel herabhängen, die Gesichtshaut ihnen fahl vorkommt, dann wird es Zeit, etwas zu verändern in ihrem Leben. Wenn Sie weiter an sich herunterschauen und Sie entdecken in Brustgegend, am Bauch, an den Hüften und an den Oberschenkeln gewisse Dellen, dann wird es Zeit, Ihren Körper zu entgiften. Und zwar mittels Bewegung.

Der Körper will in erster Linie überleben und baut keine unnötigen Muskeln auf und kein unnötiges Fett ab, wenn dies nicht unbedingt erforderlich ist. Aber wann wird es für den Körper notwendig, Muskeln auf- und Fett abzubauen?

Wenn er bewegt wird. Und zwar wenn er während der Bewegung merkt, dass es für diese Art der Betätigung in Wirklichkeit für ihn leichter wäre, wenn er mehr Blutgefäße hätte, die die Muskeln versorgen, und wenn weniger Fettmasse an den Hüften zu schleppen wäre. Der Körper will so effizient wie möglich arbeiten. Also baut er sich nach anstrengender körperlicher Betätigung neue Blutgefäße zu den Muskeln, damit er sich bei der nächsten Betätigung nicht mehr so anstrengen muss. Die Anpassung erfolgt binnen weniger Tage. Wenn Sie dann weiter trainieren und immer mehr vom Körper fordern, wird er sich immer besser anpassen. Das ist der Trainingseffekt. Aber sobald Sie mit dem Training aufhören, baut er die Muskeln wieder ab, weil er für den täglichen Spaziergang von der Wohnung zum Büro nicht so viele braucht.

Aber *warum* sollen Sie den Körper dann »unnötig« bewegen? Und *wie* sollen Sie sich dafür motivieren?

Ich stelle Ihnen Bernd vor, damit Sie wissen, warum Bewegung wichtig ist und wie Sie sich dazu motivieren können: Auf einem Präsentationstechnik-Seminar sitze ich in der Mittagspause an einem Tisch mit sechs anderen Personen. Als Nachspeise gibt es unter anderem Erdbeertörtchen. Ich stehe auf, um noch einmal zum Buffet zu gehen, und frage, ob ich jemandem eines mitbringen kann. Bernd, mein Nebensitzer, meint grinsend: »Nein, danke. Ich bin Sportler!«

Als ich wieder an meinen Platz zurückkomme, erzählt mir Bernd, der ein paar Kilo zu viel auf die Waage bringt, seine Lebensgeschichte: »Ich war auf einem Selbstfindungs-Seminar und bin draufgekommen, dass ich als Inhaber einer Werbeagentur einfach zu viel gearbeitet habe. Unter sechzig Stunden die Woche kam ich nie weg. Und das war mir zu viel. Ich wollte einfach etwas mehr Freizeit. Zwischendurch einmal an die frische Luft. Atmen. Freiheit. Mich spüren. Mein Traum war es, einmal an einem Triathlon teilzunehmen. Aber das habe ich mich mit meinem üppigen Körperbau nie getraut. Irgendwann habe ich mich gefragt: Ist das alles im Leben? Ich fahre einen Porsche. Verdiene so gut, dass ich mit dem Geld drei Familien ernähren könnte. Aber ich habe keine Zeit, abseits der Arbeit noch ein Leben zu führen. Eines Tages hörte ich in mir eine leise, fordernde Stimme, die mir sagte: ›Lebe deinen Traum. Sei kein Feigling!‹ Aber was war mein Traum? Ich wusste es ja gar nicht. Auf dem Seminar bin ich dann draufgekommen. Ich wollte immer Sportler sein. Und seitdem ich mir immer wieder sage: ›Ich bin Sportler‹, ernähre ich mich automatisch gesünder und ich habe auch schon mit dem Walken begonnen. Innerhalb von drei Monaten habe ich sicher schon zwanzig Kilogramm abgenommen.«

Sport zu treiben ist sehr gesund, auf vielen verschiedenen Ebenen. In unserer heutigen Welt sind viele Menschen sehr hohem Stress ausgesetzt. Was genau passiert bei Stress im Körper? Eine Stressreaktion hat einen evolutionären Sinn. Bei den Urmenschen hat der Körper zum Beispiel beim Anblick eines Löwen Stresshormone ausgeschüttet, um den Körper auf Flucht oder Angriff vorzubereiten. Das Wichtigste in einem solchen Moment ist das Überleben. Und dafür wird das Blut sofort in die Muskeln verlagert, Herzschlag und Atmung beschleunigen sich. Und dann ist es wichtig, dass der Körper sich bewegt. So bauen sich die Stresshormone wieder ab. Zudem bildet sich durch Sport im Körper das Glückshormon Endorphin. So wirkt Sport auch gegen depressive Verstimmung. Des Weiteren muss die Lymphe, die in unserem Körper für den Abtransport der Giftstoffe zuständig ist, auch durch körperliche Betätigung bewegt werden, um ihre Aufgabe erfüllen zu können. Zu diesen Giftstoffen gehört alles, was übersäuert: Kaffee, Alkohol, Zucker, Weißmehl usw. Der Körper sorgt dafür, dass das Blut einen gewissen Säurewert nicht übersteigt. Alle Gifte, die zu viel im Blut sind, müssen sofort raus. Über die Lymphe zur Leber, Niere, Lunge und Haut. Was der Körper von der Menge her nicht schafft, abzutransportieren, lagert er in den Fettzellen ein, um sich vor den Säuren zu schützen. Das heißt, in den Fettzellen befindet sich nicht nur angelagertes Fett, sondern sämtliches Zuviel an Müll, das der Körper nicht loswerden konnte. Wenn die Lymphe bewegt wird, kann sie mehr Dreck ausscheiden, als wenn sie nicht bewegt wird.

Bernd ist an weiteren Informationen in Bezug auf eine gesunde Ernährung interessiert, sodass wir uns nach dem Seminartag noch für eine Fortsetzung unseres Gesprächs verabreden.

Jetzt wissen Sie, *warum* es gesund ist, Sport zu treiben.
Wie aber schaffen Sie das tatsächlich?

Was hat Bernd gemacht? Er hat sich eine neue Identität als »Sportler« zugelegt. Das ist Grundvoraussetzung, um an der körperlichen Betätigung dranzubleiben. Was bei vielen Menschen passiert, ist, dass sie sich Bewegungsweisen aussuchen, die für sie nicht stimmig sind. Sportarten, die für sie langweilig, mühsam und anstrengend sind.

Für mich persönlich ist ein Fitnesscenter zum Beispiel extrem ermüdend. Ich finde es langweilig, an den Geräten herumzuturnen. Ich muss dauernd gähnen und schaue auf die Uhr, wann ich endlich fertig bin, falls ich es überhaupt schaffe, mich dorthin zu begeben. Für Sie ist das Center vielleicht inspirierend und es macht Ihnen Spaß. Spaß ist nämlich einer der wichtigsten Faktoren, um sich für Sport zu motivieren.

Also überlegen Sie sich, welche Art der Bewegung Ihnen entspricht. Wenn Sie es noch nicht wissen, dann probieren Sie verschiedene Dinge aus. Sie werden merken, was Ihnen liegt. Squash, Walken, Tennis, Windsurfen, Mountainbiken, Joggen, Tanzen, Yoga, Fitnesscenter, Klettern, usw.

Ich persönlich habe mit meinem zwölften Lebensjahr mit dem Joggen begonnen, weil meine Mutter immer Laufen ging und ich einfach dabei sein wollte.

Zusätzlich hat mich damals eine Geschichte meines Vaters inspiriert: »Ina, ich bin in Salzburg in die Schule gegangen und ich wohnte im Tal, die Schule war am Berg. Ungefähr eine halbe Stunde Fußmarsch. Ich bin da also jeden Tag raufgegangen und merkte, wie ich jeden Tag fitter und fitter wurde. Als in Salzburgs Schulen ein Laufwettbewerb ausgetragen wurde, habe ich mich geweigert, mitzumachen, da ich ja das Laufen nie trainiert hatte. Als allerdings einer meiner Klassenkameraden aufgrund von Krankheit ausfiel, musste ich trotz meiner Einwände mitmachen und am Wettbewerb teilnehmen. Ich räumte mir wenig Chancen ein, auch nur in irgendeiner Weise bei diesem Lauf zu punkten. Als ich den

Lauf beendete, konnte ich nicht fassen, was passiert war: Ich war Salzburger Landesmeister!«

Mich hat diese Geschichte als Kind sehr motiviert. Ich wollte nun auch täglich trainieren, um fit zu sein. Also startete ich mit Joggen. Fünfhundert Meter waren in den ersten Monaten schon Überforderung pur. Ich war jedes Mal fix und fertig. Es war schweißtreibend und anstrengend. Nach einiger Zeit begann ich damit, bergauf zu laufen. Zuerst war es ein Kilometer am Stück, dann habe ich mich immer mehr gesteigert. Ich wurde immer besser. Mit der Zeit begann der Sport, Spaß zu machen, weil ich merkte, dass ich immer trainierter wurde und es sich immer leichter und müheloser anfühlte, den Berg raufzusprinten. Mein Fitnesslevel hat mein Selbstwertgefühl damals sehr gestärkt. Als ich von der Schule nach Hause kam, war ich meistens sehr gestresst und fühlte mich ausgelaugt von der geistigen Arbeit. Mit dem Sport konnte ich mich wieder sammeln. Was mir mit der Zeit anfing zu gefallen, war das Naturerlebnis. Die frische Waldluft einzuatmen, die Sonne und den Wind auf der Haut zu spüren. Das tat meiner Seele gut. Als Ausgleich zum für mich sehr langweiligen und zermürbenden Schulalltag.

Vor drei Jahren entdeckte ich während eines Urlaubs am Gardasee das Windsurfen. Es machte großen Spaß, mit rauschender Geschwindigkeit windbetrieben über das Wasser zu fegen. Mich hatte es erwischt. Sofort, als ich wieder nach Österreich kam, kaufte ich mir eine Surf-Ausrüstung und nutzte jede Gelegenheit, um meine Windsurfkenntnisse am Neusiedlersee zu erweitern. Ich wollte diesen faszinierenden Sport um jeden Preis der Welt erlernen. Am Anfang war das Üben sehr anstrengend und auch zermürbend, weil Windsurfen ein Sport ist, der sehr schwer zu erlernen ist. Man muss eine Zeit lang dranbleiben und wirklich regelmäßig trainieren. Was mich motivierte, weiterzumachen, war dieser kurze Moment am Gardasee, wo ich durch Zufall richtig am Brett stand und auch das Segel richtig hielt und plötzlich mit voller Geschwindigkeit übers Wasser zischte. Dieses Gefühl verankerte sich in mir und ich wollte es wieder spüren.

Mittlerweile lerne ich das Windsurfen in den Wellen und sorge dafür, dass ich jeden Winter zwei bis drei Monate irgendwo in der Welt bin, um meiner Windsurfleidenschaft zu frönen.

Was ich damit sagen will: Suchen Sie sich eine Sportart, die Ihnen entspricht und die Ihnen Spaß macht. Und mit der Identität als »Sportler« fragen Sie sich: Wo gehen Sportler hin? Wie leben sie? Von was ernähren sie sich? Wie gestalten sie ihr Leben?

Begeben Sie sich in die Schwingung der Sportler. Werden Sie durch und durch zum Sportler. Motivieren Sie sich, indem Sie auf Sportveranstaltungen gehen. Lassen Sie sich bestimmte Sportarten beibringen. Lesen Sie sich ein. Schauen Sie sich Dokumentationen über das Thema an. Beschäftigen Sie sich einfach mit Sport. In jeder möglichen Weise.

Sportlich mit der WWW-Methode

Was wollen Sie konkret?
Spaß an der Bewegung? In sechs Monaten einen Marathon laufen? Drei Mal pro Woche eine Stunde laufen gehen?

Warum?
Weil Sie einen trainierten Körper wollen?
Weil Sie endlich das ganze, über die Jahre in Ihrem Körper angesammelte Gift abtransportieren wollen?
Weil Sie so lange wie möglich gesund leben wollen?
Weil Sie den Stress abbauen wollen, der sich während des Arbeitstages aufbaut?
Weil Sie Glückshormone bilden wollen?
Wie viel Freizeit können Sie sich leisten?
Erzeugen Sie Gefühle in sich selbst, die Sie veranlassen, zum Sportler zu werden.

Wie?
Ihre Identität ist jetzt nicht mehr »Stubenhocker«, sondern »Sportler«.
Gehen Sie dorthin, wo Sportler hingehen. Zum Beispiel auf Sportveranstaltungen. Sie können sich gar nicht vorstellen, wie motivierend es ist, bei einem Ironman (3,86 km Schwimmen, 180 km Radfahren, 42,2 km Laufen) nur zuzusehen, geschweige denn, mitzumachen.
Lernen Sie von anderen Menschen! Fragen Sie sportliche Freunde, wie sie auf die Betätigung gekommen sind und was sie dazu veranlasst, das auch weiter durchzuziehen. Suchen Sie den gemeinsamen Nenner bei allen Befragten und wenden Sie diesen auch bei sich selbst an.

Willkommen im Club der Sportler!

8 Der Weg zur gesunden Ernährung

Leben Sie, um zu essen, oder essen Sie, um zu leben?

Etwa siebzig Tonnen Nahrung geht in einem Menschenleben durch unseren Körper. Diese muss verarbeitet und zur Lebenserhaltung aufbereitet werden. Es ist also nicht gleichgültig, was Sie zu sich nehmen. Was wird tagtäglich durch Ihren Körper geschleust?

Nehmen Sie sich einen Zettel und einen Stift und schreiben Sie bitte auf, was Sie in den letzten drei Tagen gegessen und getrunken haben. Bitte auch mit ungefähren Mengenangaben. Ein lebender Körper braucht lebendige Nahrung. Er braucht – wie es der Name schon sagt – Lebensmittel, keine Tötungsmittel.

Unser Körper nimmt Nahrung auf, löst die für ihn lebensnotwendigen Stoffe heraus und das, was er nicht braucht oder nicht aufnehmen kann, eliminiert er als Abfall. Es ist also unmöglich, ein hohes Energielevel zu halten, wenn Sie sich von nährstoffarmer Nahrung ernähren. Durch diese Lebensmittel übersäuern Sie Ihren Körper nur.

Wenn Sie leben wollen, um vor Energie nur so zu sprühen, dann müssen Sie vitaminreiche, natürliche Nahrung zu sich nehmen.

Was ist also das Ernährungsziel?

Mehr vitaminhaltige und lebendige Nahrung zu sich zu nehmen. Aber was genau ist »lebendige« Nahrung?

Genau diese Frage hatte auch Bernd, der sie mir nach einem Gespräch über das Thema »Was Sport im Körper bewirkt« stellt.

Von seiner körperlichen Ausstattung her ist der heutige Mensch nicht anders als der Urmensch. Er lebt im Einklang mit der Natur und isst, was die Natur ihm bietet. Er isst »lebendige« Nahrung. Das sind Nahrungsmittel, die noch so natürlich sind, dass sie weiterwachsen würden. Ein Apfel würde beispielsweise zu einem Baum heranwachsen, wenn man ihn in die Erde steckt. Der Kern einer Tomate zu einer Tomatenpflanze, der Nusskern zu einem Nussbaum. Im Gegensatz zu Tomatenketchup, Schokolade, Torte, bei denen nichts weiterwachsen würde.

Von was ernährte sich der Urmensch also? Raffiniertem Zucker, Kaffee, Alkohol, gesiebtem und gebleichtem Weißmehl, Dosenfutter, Chips? Sicher nicht! Abgesehen davon, dass er diese Nahrungsmittel damals noch nicht kannte, findet man diese weder auf einem Baum noch irgendwo in der Erde vergraben. Gesunde Ernährung ist also ganz einfach und logisch. So natürlich und so wenig verarbeitet wie möglich. Das heißt: frisches Obst und Gemüse. Wenn überhaupt, dann nur leicht gedünstet. Nicht zerkocht. Reis, Kartoffeln, Vollkornmehl, Wasser, hormonfreies Fleisch. Die Mikrowelle ist zu vermeiden, weil sie sämtliche Vitamine und Mineralstoffe zerstört.

Am besten frisch geerntete und biologische, nicht mit Spritzmitteln vergiftete Nahrung. Auf den Punkt gebracht: Wichtig ist, dass man so viel wie möglich natürliche Vitamine, Mineralstoffe und sekundäre Pflanzenstoffe, das sind natürliche Geruch- und Farbstoffe, zu sich nimmt. So ist der Körper versorgt und dadurch wird er automatisch schlank und man beugt zusätzlich sämtlichen Krankheiten vor.

Norbert Treutwein beschreibt in seinem Buch sämtliche Krankheiten als Folge von falscher Ernährung sowie der daraufhin auftretenden Übersäuerung des Körpers. Zum Beispiel Allergien, Arthritis, Arthrose, Asthma, Bandscheibenbeschwerden, Bindegewebsschwäche, Bindehautentzündung, erhöhter Blutdruck, erhöhte Blutfettwerte, Bronchitis, Cellulitis, Depression, Diabetes, Durchblutungsstörungen, Ekzeme, Erschöpfung, Fieber, Gallensteine, Gastritis, Gedächtnisschwäche, Gicht, Haarausfall, Herzinfarkt, Herzrhythmusstörungen, Hörsturz, Infektionsanfälligkeit, kalte Hände und Füße, Körpergeruch, Kopfschmerzen, Krebs, Leberschwäche, Migräne, Magengeschwüre, Multiple Sklerose, Mundgeruch, Nieren- und Blasensteine, Osteoporose, Pilze, Rheuma, Schlafstörungen, Schlaganfall, Sodbrennen, Verstopfung, Zahnschäden.

Durch ungesunde Nahrung übersäuert der Körper. Und weil das nicht sein darf, sorgt der Organismus dafür, die Säuren so schnell wie möglich aus den lebenserhaltenden Organen wie Herz, Lunge, Niere, und Leber zu befördern. Die menschlichen Organe dürfen einen pH-Wert von sieben nicht unterschreiten. Und das weiß der Körper und tut alles Erdenkliche, um sich am Leben zu erhalten. Die Lymphe ist dabei der menschliche Giftmülltransporter. Sie holt sämtliche Abfallstoffe und Säuren aus den Zellen und aus dem Blut, um diese dann an Niere, Lunge, Leber, Haut, Harnblase und Darm zum Abtransport freizugeben. Der Körper schafft aber nur eine gewisse Kapazität an Müllabfuhr. Kommt zu viel Müll in den Körper, muss er diesen trotzdem aus den lebenswichtigen Organen rausschaffen. Wenn das Abtransportsystem überlastet ist, lagert der Körper die Säuren und Abfallprodukte in den Fettzellen ein. Sind die Fettzellen vollgefüllt mit Mist, dann lagert der Körper die Säuren in den Sehnen, Bändern und Gelenken ein und so folgen Gelenksentzündung und Gelenksverschleiß. Auf den Punkt gebracht: Der Körper schafft den Abtransport von Müll nicht mehr und muss die Säuren irgendwo zwischenlagern. Er ist überfordert. Er funktioniert nicht, wie er funktionieren sollte. Ihm fehlen wichtige Vitamine und Mineralstoffe. Und so wird er krank.

Nur durch eine lebenslange Nahrungsumstellung hin zu gesunden Lebensmitteln kann man die dauerhafte Übersäuerung des Körpers verhindert. Erfreuliche Begleiterscheinung davon ist, dass man gesund, fit und schlank ist. Und nur so vor Energie sprüht.

Eine gesunde, basische Ernährung ist ganz einfach. Allein der Gedanke an den Urmensch und wie er gelebt hat reicht aus, im Supermarkt die energiefördernden Nahrungsmittel zu finden. Denn auf diese Art der Ernährung ist der menschliche

Körper ausgelegt. Auch der Urmensch konsumierte hiesiges, saisonales Obst, Gemüse, Reis, Kartoffeln, Getreide, Hülsenfrüchte. Roh oder gekocht. Nicht zerkocht. Wertvolle Öle, wie Leinöl, Olivenöl, Nussöl, kalt gepresst, kühl und dunkel gelagert, damit die wertvollen ungesättigten Fettsäuren Omega 3, 6 und 9 im Öl erhalten bleiben. Wenig Fleisch, weil das den Körper übersäuert. Kaffee, Zucker, Weißmehl und Alkohol gab es bei den Urmenschen noch nicht, unser Körper kann diese säuernde Nahrung also nicht gut verarbeiten; man sollte diese Nahrungsmittel also sehr in Maßen »genießen«.

Um die Giftstoffe und Säuren, die sich schon im Körper abgelagert haben, wieder auszuscheiden, hilft basische, natürliche Nahrung und zwei bis drei Liter Wasser am Tag trinken. Sport hilft, die Lymphe zu bewegen und die Säuren vor allem aus der Lymphe und aus den Fettzellen auszuscheiden.

Und diese Informationen haben auch Bernd bestärkt, weiter auf der Gesundheitswelle zu bleiben, die er vor drei Monaten bestiegen hat.

Sehen Sie sich Ihre Liste an, die Sie erstellt haben. Wie viel Prozent ungesunde und wie viel Prozent vitaminreiche, lebendige Nahrungsmittel haben Sie in den letzten drei Tagen zu sich genommen?

Gesunde Ernährung mit der WWW-Methode

Was ist also das Ziel gesunder Ernährung?
Mehr lebendige Nahrung als ungesunde.

Warum ist das so wichtig?
Ungesunde Nahrung führt zu Übersäuerung im Körper. Und Übersäuerung wiederum zu Krankheiten.

Im alten China wurden Menschen höherer Klasse, die zum Tode verurteilt waren, nicht erhängt. Sie »durften« so viel Fleisch und Wein konsumieren, wie ihnen beliebte. Schleichend starben sie dann an Übersäuerung. Wir Westler übersäuern uns durch die viele ungesunde Nahrung freiwillig und werden so für bestimmte Krankheiten anfälliger.

Wollen Sie das denn wirklich?

Oder wollen Sie lieber bis zum Ende Ihres Lebens vor Energie sprühen und körperlich und geistig fit durchs Leben gehen?

Wenn ja, dann sehen Sie sich Folgendes an:

Wie genau funktioniert gesunde Ernährung?
Es geht um eine lebenslange Nahrungsumstellung.
Und bitte unterschätzen Sie nicht Ihre Kraft, sich zu verändern.

Ernähren Sie sich vorwiegend von lebendiger, vitaminreicher Nahrung. Genau wie die Urmenschen. Hiesiges, saisonales Obst, Gemüse, Reis, Kartoffeln, Getreide, Hülsenfrüchte, roh oder gekocht. Nicht zerkocht.

Wenig Fleisch, weil dieses den Körper wieder übersäuert. Kaffee, Zucker, Weißmehl und Alkohol gab es bei den Urmenschen auch nicht, unser Körper kann diese Nahrungsmittel also nicht gut verarbeiten. Genießen Sie diese Dinge also sehr in Maßen.

Alles, was nicht in natürlicher Nahrung vorkommt, wie Farb-, Geruchs- und Geschmacksstoffe, säuern den Körper.

Spritz- und Düngemittel in Lebensmitteln aus konventioneller Landwirtschaft säuern auch. Also empfehle ich den Verzehr von hauptsächlich biologischen Nahrungsmitteln.

Auch zum Haltbarmachen erhitzte Obstsäfte wie Apfelsaft oder Orangensaft säuern. Steigen Sie auf frisch gepresste Säfte um!

Willkommen in der Welt der sprühenden Energie!

9 Endlich schlank!

Sie wollen schlank sein? Werfen Sie so schnell wie möglich die Waage weg! Es klingt paradox: Aber es geht nicht um Körpergewicht. Worum geht es dann?

Sie kommen auf die Welt und Sie verlassen die Welt wieder. Wonach streben Sie mit all Ihren Handlungen? Nach Glück.

Egal, was Sie machen im Leben: Sie versprechen sich davon Glück. Auch von der Schlankheit. Ich kann Ihnen verraten: In der Schlankheit allein werden Sie Ihr Glück nicht finden. Kurzfristig vielleicht. Nach ein paar Tagen fühlen Sie sich aber genauso leer wie vorher. Also meine Empfehlung: Betrachten Sie das »Schlanksein« nicht als Ziel, sondern als Begleiterscheinung.

Beatrice kannte ich aus einem meiner Vorträge. Als Sie das erste Mal zu mir ins Coaching kommt, sieht sie unglücklich aus. Ihr schönes Lächeln scheint vollkommen erloschen zu sein.

An der Tür schnaubt sie ein kurzes »Hallo«, dann stapft sie hinter mir her ins Coachingzimmer, ohne auf meine Frage zu reagieren, wie es ihr gehe. Mit einem tiefen Seufzer lässt sie sich in den ihr zugewiesenen Sofasessel fallen.

Bevor ich mich niedergesetzt habe, fängt sie schon an zu reden: »Warum bin ich so fett? Warum muss ich so viel fressen? Ich hab mich nicht im Griff.«

»Beatrice, es geht nicht darum, sich im Griff zu haben. Es geht nicht darum, gegen sich zu kämpfen. Der Tonfall, mit dem du dein Verhalten beschreibst, ist nicht unbedingt liebevoll. Es geht darum, mit sich zusammenzuarbeiten. Die zentrale Frage ist: Nach *was* hungert es dich wirklich? Und das werden wir jetzt herausfinden. In Ordnung?«

»Na gut, gehen wir es an.« Sie wirkt schon gelassener.

Um glücklich zu sein, geht es auch darum, dass Körper und

Geist an einem Strang ziehen. Eine Übung kann dabei helfen. Die Methode kommt aus Hawaii und heißt »Huna«. Dabei redet man mit seinem Unterbewusstsein.

Ich bitte Beatrice, sich ganz entspannt hinzusetzen und die Augen zu schließen. Sie soll ruhig ein- und ausatmen und in sich hineinspüren.

»Beatrice, wo befindet sich dein Unterbewusstsein?«
Sofort zeigt sie auf ihren Bauch: »Hier«.
»Wenn du deinem Unterbewusstsein einen Namen geben würdest, wie lautete dieser? Der erste Name, der dir in den Sinn kommt.«
Schnell antwortet sie: »Wilhemine.«
»Dann versuche, auf Wilhelmine zu hören und dafür zu sorgen, dass ihr beide glücklich seid.«

Sie müssen sich Ihre Freundschaft mit dem Unterbewusstsein vorstellen wie den Umgang mit einem kleinen Kind. Wenn Sie ständig mit ihm schimpfen, wird kein selbstbewusster Mensch aus ihm werden. Behandeln Sie sich selbst wie ein wertvolles, lernendes, liebenswertes Wesen, aus dem alles werden kann, was Sie sich wünschen.

Gegen sich zu kämpfen bringt nichts. Wenn Sie sich im Laufen umdrehen, werden Sie nur entdecken, dass Sie noch immer hinter sich selbst her sind. Sie können den Kampf nur verlieren. Bitte hören Sie also einfach auf, gegen sich zu kämpfen, und nutzen Sie Ihre Energie, um *mit* sich zu arbeiten. Seien Sie mehr Sie selbst.

Es geht darum, Ihr natürlichstes und mühelosestes *Ich* zu erreichen. Wenn Sie das erreicht haben, sind Sie auf *Ihrem* Lebensweg. Und das ist es, was langfristiges Glück ausmacht.

Das Übergewicht von Beatrice ist nur ein Symptom für nicht gelebte Anteile. Für einen Lebenshunger, der irgendwo im stillen Kämmerlein vergessen und ungehört weggesperrt wurde. Es wird Zeit für sie, *ihre* innere Stimme wieder auszugraben.

Bei Beatrice wird durch das Gespräch mit »Wilhelmine«, mit Ihrer inneren Stimme, klar, *was* Sie wirklich will. Nämlich mehr Spaß im Leben. Zum Beispiel mit Sambatanzen.

Nun ist die Frage, *warum* sie sich mehr Freude im Leben gönnen soll.

Beatrice kommt mit sichtlich entspannten Gesichtszügen in die nächste Coachingstunde.

Als sie in den Sessel gleitet, lächelt sie mich an: »Also, ich unterhalte mich ja mit Wilhelmine. Ich find's auch sehr amüsant. Aber wenn ich das meinem Mann oder meiner Tochter erzählen würde: Die hielten mich ja für komplett durchgeknallt.«

»Weißt du, ob durchgeknallt oder nicht: Es funktioniert. Und darauf kommt es an.«

»Da hast du recht. Und ich muss sagen, ich gehe echt immer netter mit mir um. Komischerweise sind jetzt meine Arbeitskollegen auch viel freundlicher zu mir.«

»Die anderen behandeln einen immer so, wie man sich selbst behandelt«, sage ich zustimmend. »Beatrice, die heutige Coachingsitzung widmen wir dem ›*warum*‹. Du hast ja in meinem Vortrag schon gehört, wieso das wichtig ist.«

»Ja, weil jede Entscheidung aufgrund eines Gefühls getroffen wird und nicht mit dem Verstand.«

»Ja, genau. Das ist die Theorie. Jetzt setzen wir das Ganze in die Praxis um.«

Wieder bitte ich sie, die Entspannungshaltung vom letzten Mal einzunehmen. Leise flüstere ich: »Stell dir vor, du machst so weiter wie bisher, lebst dein Leben wie bisher. Wie geht es dir in fünf Jahren? Bist du erfüllt oder eher weniger? Hast du Spaß im Leben oder eher nicht? Bist du dünner oder dicker als heute? Wie fühlst du dich emotional? Bist du glücklich? Was machst du beruflich? Bist du für deine Tochter ein Vorbild oder eher ein abschreckendes Beispiel?«

Sie schnupft.

Ich fahre fort: »Wenn du so weitermachst wie bisher, wie siehst du aus? Was sagen die anderen Menschen zu dir, wenn sie dich sehen? Geht es dir besser oder schlechter als heute?«

Etwas unerwartet öffnet Beatrice die Augen und schreit mich plötzlich an: »Was soll das? Wozu mache ich das Coaching? Ich wollte, dass es mir besser geht und nicht schlechter!«

Ich habe Beatrice ganz bewusst mit diesen Fragen konfrontiert, um ihn ihr selbst die Motivation zu wecken, ihr Leben zu ändern.

Ich erkläre ihr, dass der Mensch nun mal so tickt, dass er erst etwas verändert, wenn er weiß, dass er etwas verändern *muss*, und er sich auch zutraut, dass er es *kann*. Erst wenn der Leidensdruck groß genug ist, hat man die richtige Motivation. Beatrice ist nun genau an diesem Punkt angekommen. Ich bitte sie, aufzustehen und sich auszuschütteln.

Sie steht abrupt auf und hüpft auf und ab und schüttelt ihre Hände aus.

»Sehr gut! Du kannst dich wieder hinsetzen. Es geht jetzt positiv weiter, versprochen.« Sie sieht mich skeptisch an.

»Beatrice, schließ bitte wieder die Augen und entspann dich. Stell dir vor, du sorgst *jetzt* dafür, dass du mehr Spaß hast im Leben, zum Beispiel mit Sambatanzen. Wie geht es dir dann in fünf Jahren? Wie fühlst du dich? Wie siehst du aus? Wie reagieren andere Menschen auf dich? Bist du Vorbild oder Abschreckung? Was ist aus dir geworden? In zehn Jahren von jetzt an: Wie geht es dir, wenn du mehr Spaß hast und Samba tanzt? Was sagen andere Menschen, wenn sie dich treffen? Wie fühlst du dich?«

»So stelle ich mir mein Leben vor!«, sie hüpft vom Sessel auf. »Weißt du was? Wenn ich mich so in die Zukunft versetze, fühlt es sich so an, als wenn das jetzt schon so wäre. Ich tanze mittlerweile sehr gut Samba. Es macht mir Spaß. Ich bin schlank. Das ist automatisch passiert. Ich war inzwischen in Brasilien, um mir anzuschauen, wie es dort aussieht, wo der

Samba herkommt. Dadurch, dass ich mit dem Tanzen begonnen habe, hat sich mein ganzes Leben verändert. Ich lerne verschiedenste Leute kennen, durch die ich wieder auf neue Ideen komme. Eines ergibt das andere. Das Leben ist wieder spannend!«

Ich sehe sie zufrieden an. »Du lässt das Leben fließen und hast die Kontrolle verabschiedet.«

Beatrice hat sich durch die Frage nach dem »*Warum*« eine Motivation kreiert, die offensichtlich wirklich das Herz anspricht. Und das ist Grundvoraussetzung dafür, dass sie überhaupt motiviert ist.

Beim nächsten Treffen kommt Beatrice locker in den Coachingraum. »Ich habe mich für einen Sambakurs angemeldet. Ich hatte diese Woche auch schon die erste Stunde!«, sagt sie freudig.

»Super! Da freue ich mich aber. Und was sagt Wilhelmine dazu?«

Beatrice setzt sich in ihren Stuhl, ich mich ihr gegenüber. »Die lächelt seit Langem wieder einmal. Scheint auch von Tag zu Tag glücklicher zu werden. Wir sind schon ein gutes Team ...«

Was ist aus Beatrice geworden?

Sie hat innerhalb der letzten drei Jahre den Kontakt und die Zusammenarbeit mit ihrem Unterbewusstsein gelernt und ist inzwischen schlank. Es dauerte auch noch einige Zeit, bis sie mit sich selbst wie mit einem guten Freund reden konnte.

Sie ist eine leidenschaftliche Sambatänzerin, war mittlerweile in Brasilien. Wie sie es in ihrer Zukunftsvision vorausgesehen hat, lernt sie eine Menge Menschen kennen und führt ein interessantes, abwechslungsreiches Leben. Sie lebt ihren Spaß, so, wie sie es sich gewünscht hatte. Ihrer Tochter gegenüber fühlt sie sich jetzt als Vorbild und nicht mehr als abschreckendes Beispiel.

Schlank mit der WWW-Methode

1. Zu viel essen ist ein Symptom, nicht mehr und nicht weniger. Fragen Sie Ihr Unterbewusstsein: Nach **was** hungert es mich wirklich im Leben?

2. Fragen Sie sich, **warum** Sie Ihr Leben ändern wollen. Reicht es Ihnen, ein freudloses, kontrolliertes, langweiliges Leben zu führen?
Wollen Sie endlich Vorbild sein und kein abschreckendes Beispiel mehr?

3. Wenn sie nun wissen, *was* genau Sie wollen und *warum*, ergibt sich das **Wie** von selbst. Setzen Sie um, wonach Sie wirklich hungern, und bleiben Sie in Kontakt mit Ihrem Unterbewusstsein. Geben Sie Ihrem Unterbewusstsein einen Namen.

4. Fragen Sie sich bei der Lösung eines jeden Problems:
   a. *Was* genau will ich? So weiß das Unterbewusstsein, in welche Richtung es gehen soll.
   b. *Warum* will ich das? So entfachen Sie Gefühle in sich, die Grundlage jeder Motivation.
   c. Und *wie* löse ich nun das Problem? Fragen Sie einfach mindestens fünf Personen, die es auf eine Ihnen vom Gefühl her entsprechende Weise geschafft haben, das besagte Problem dauerhaft zu beseitigen. Und dann suchen Sie den gemeinsamen Nenner und wenden dieselbe Methode an.
   Statt Personen zu einem Thema zu befragen, kann es auch helfen, Biografien von Menschen zu lesen oder sich Dokumentationen zu einem Thema anzusehen.

10 Die letzte Zigarette

Vergessen Sie Nikotinpflaster und -kaugummis. Mit dem Rauchen aufzuhören ist reine Kopfsache: Entweder entscheiden Sie sich für ein Leben als Nichtraucher oder eben nicht. Aber wenn, dann bitte konsequent. Allmählich die Zigarettenzahl zu reduzieren ist nicht der richtige Weg. Denn es gibt keine Übergangslösung!

Ob Sie Raucher bleiben oder nicht, entscheidet also ganz allein Ihr Kopf. Doch der kann ein richtiger Sturkopf sein. Gewohnheiten manifestieren sich nun mal in Form von Nervenverbindungen. Doch keine Sorge: Die werden wieder abgebaut, sobald sie nicht mehr benutzt werden. Lassen Sie also die Raucherverbindungen einfach aus ihrem Hirn verschwinden. Meine *Was-Warum-Wie*-Methode kennen Sie ja schon.

Das »*Was*«: Was wollen Sie wirklich?
Was ist der Ist-Zustand bei Ihnen, bezogen aufs Rauchen? Schreiben Sie das bitte genau auf. Denken Sie an Beruf, Gesundheit, Partnerschaft, Freundschaften, Familie, Finanzen usw. Und was werden Sie tun, wenn Sie nicht mehr rauchen? Wie wird Ihr Leben dann aussehen? Wenn Sie nun Ist- und Soll-Zustand miteinander vergleichen, sehen Sie klar vor sich, *was* sich für Sie ändern soll.

Das »*Warum*«: Wie Sie genügend Motivation aufbauen:
Wenn Sie nicht wissen, warum Sie mit dem Rauchen aufhören wollen, dann haben Sie auch keine Motivation. Das ist der Hauptgrund für gescheiterte Versuche.

Ich stelle Ihnen nun Margarete vor. Sie ist Mitte dreißig, seit fünf Jahren Single und noch immer kinderlos – dabei wünscht sie sich, Mama zu sein. Sie sieht mit ihrer schlanken Statur und ihrem hübschen Gesicht gut aus. Und doch haben sich in den letzten Jahren nur One-Night-Stands und Kandidaten der verschiedenen Singlebörsen, die sich eher früher als später als unpassend entpuppten, aufgetan.

Eines Abends sitzt sie in ihrer Lieblingsbar mit einem Wodka und einer Zigarette am Tresen. Sie schaut sich im Lokal um, ob sich eine zu ihr passende männliche Begleitung herumtreibt. Plötzlich geht die Türe auf, und was sie sieht, gefällt ihr sehr: ein groß gewachsener Mann, dunkle kurze Haare, lässig und trotzdem stilvoll gekleidet, steuert auf sie zu. Margaretes Herz pocht wie wild, als sich der schöne Fremde neben sie stellt.

»Zwei Wodka bitte, einen für die Dame, einen für mich!« Endlich einmal jemand, der sich nicht durch ihre Schönheit und ihr selbstbewusstes Auftreten einschüchtern lässt und einfach die Führung übernimmt. Sie hält ihm als Dank für den Drink ihre Zigarettenpackung hin. Er schaut sie fassungslos an: »Sie rauchen? Schade, denn dann werden Sie bald aussehen wie ein chinesischer Faltenhund mit groben Poren und aschfahler Hautfarbe.« Margarete stockt der Atem. Das hat sie nicht erwartet. Empört steht sie auf, lässt Mann und Drink stehen und verlässt das Lokal eiligen Schrittes.

Am nächsten Morgen wacht sie schweißgebadet und mit Kopfschmerzen auf. Der Faltenhund! Sie hatte von einem chinesischen Faltenhund geträumt, der sie verfolgte. Sie konnte gar nicht schnell genug rennen. Die Worte des schönen Unbekannten haben sich in ihr Gehirn eingenistet. Trotzig geht sie noch im Nachthemd in die Küche. Auf dem Tisch liegt die Zigarettenpackung. Sie lässt einen Kaffee aus der Maschine, um wie jeden Morgen die erste Zigarette mit einer Tasse Kaffee zu genießen. Als sie den Glimmstengel anzündet, fällt ihr wieder der Satz ein. Der Mann hat recht, denkt sie. Ich werde nicht jünger. Ich definiere mich über mein Aussehen. Wenn ich weiter rauche, werde ich schneller altern und Falten bekommen. Vor ihrem inneren Auge steht eine schlaffe Frau mit nikotingelben Fingerspitzen und Zähnen. Margarete fängt an zu weinen. Sie will fit sein, gut riechen, das Leben in vollen Zügen genießen. Und vor allem einen attraktiven Mann anziehen. Angewidert stößt sie die Zigarette in den Aschenbecher.

Drei Jahre später ist Margarete immer noch Nichtraucherin. Den Mann aus der Bar hatte sie übrigens vier Wochen nach ihrer ersten Begegnung im selben Lokal wieder getroffen. Die beiden sind ein glückliches Paar und sie ist im dritten Monat von ihm schwanger.

Wie Margarete es auf einmal schaffte, aufzuhören? Der Mann in der Bar hatte ihren wunden Punkt getroffen: ihr Aussehen. Unterschätzen Sie nicht, wie schnell sich jemand ändern kann und will, wenn er diesen findet und damit mitten ins Schwarze trifft.

Schauen Sie, wie es Frank erging. Er hatte sich bei mir zum Coaching angemeldet:

Frank sitzt mir gegenüber im Lehnsessel. Es ist eiskalt draußen. Wir sitzen vor dem offenen Kamin und hören das Knacken des Holzes. Frank hat eine aschfahle Gesichtsfarbe und wirkt aufgedunsen. Obwohl er ein gutes Stück von mir entfernt sitzt, riecht sein Atem nach kaltem Rauch.

»Ina, ich weiß nicht mehr weiter. Ich rauche zwei Packungen Zigaretten pro Tag. Gestern war ich wegen meiner Lungenschmerzen beim Arzt und der hat gesagt, er will noch weitere Tests machen. Ich habe eine richtige Angst. Ich will mein Leben ändern – Sport, nicht mehr so viel arbeiten, keine Zigaretten mehr. Ich will gesund sein, falls es dafür nicht schon zu spät ist. Aber ich schaffe einfach den Absprung nicht.«

»Frank, stell dir vor, du machst weiter wie bisher. Wie geht es dir in fünf Jahren? Bist du sportlich oder eher weniger? Und wie geht es dir beruflich? Was sagen deine Freunde zu dir, wenn du sie triffst? Welche Menschen sind noch mit dir zusammen? Welche haben dich verlassen?« Frank sagt kein Wort, seine Lippen beginnen zu beben. »Wenn du in den Spiegel schaust, wie sieht dein Gesicht aus? Wie deine Haut?

Sieh genau hin! Geht es dir besser oder schlechter als heute? Wie ist es in zehn oder zwanzig Jahren?«

Ich schaue Frank an. Er kann seine Tränen kaum zurückhalten.

»Gut, wenn du das Prinzip verstanden hast, dann würde ich dir gerne noch ein paar Fragen stellen, die positive Gefühle hervorrufen. Frank, wenn du *jetzt* mit dem Rauchen aufhörst und dich in die Zukunft versetzt – wie geht es dir in fünf Jahren? Wie fühlst du dich? Besser oder schlechter als heute? Wie reagieren deine Freunde auf dich, wenn sie dich sehen? Was sagen sie? Bist du Vorbild oder abschreckendes Beispiel? Fühlst du dich fitter oder weniger fit als heute?

Frank strahlt mich an. »Welches Zukunftsszenario erscheint dir angenehmer?«

»Blöde Frage«, sagt er lächelnd.

Das »*Wie*«: Wie Sie Alternativen finden:
Sie wissen jetzt, *was* Sie ändern wollen und *warum*. Das ist schon mal ein Anfang. Aber *wie* hören Sie jetzt wirklich auf mit dem Rauchen?

Wenn Sie etwas in Ihrem Leben sein lassen wollen, dann brauchen Sie Alternativen. Wenn Sie nur eine einzige Möglichkeit haben, in einer bestimmten Situation zu reagieren, dann haben Sie keine Ausweichmöglichkeit. Wenn Sie bei Stress automatisch zur Zigarette greifen, wird Ihnen das Aufhören sehr schwerfallen.

Wenn Sie zwei Möglichkeiten haben, zu agieren, dann befinden Sie sich in einem Dilemma. Wie Buridans Esel werden sie sich zwischen zwei Heuhaufen nicht entscheiden können.

Echte Freiheit fängt bei drei Wahlmöglichkeiten an. Wie viele Wahlmöglichkeiten Sie haben werden, liegt ganz allein bei Ihnen.

Ich habe selber jahrelang geraucht. In der ersten Zeit als Nichtraucherin habe ich in Situationen, in denen ich zuvor automatisch zur Zigarette gegriffen hätte, einfach ein Glas Wasser getrunken. Oder tief durchgeatmet. Oder, wenn ein Freund in der Nähe war, angefangen, philosophische Fragen zu stellen. Zum Beispiel: »Wenn du ein Tier wärst, für welches würdest du dich entscheiden?« Die Beantwortung lenkte mich wunderbar ab. Der positive Nebeneffekt bei dieser Methode: Die Beziehungen zu den Menschen werden stärker.

Eine weitere Möglichkeit, den sogenannten Rauchsituationen zu entkommen, ist, in die Natur zu gehen, den Duft des Grases einzuatmen und die Vögel zwitschern zu hören.

Immer geht es nur um diese paar Sekunden, in denen man droht, in alte Verhaltensmuster zurückzufallen. Wenn man den Fokus in dieser Zeit aber auf etwas anderes richtet, vergisst man, dass man gerade Lust auf eine Zigarette hatte. Und je öfter man auf die Alternativen zurückgreift, desto mehr löst sich die »ich muss jetzt unbedingt rauchen«-Verbindung im Gehirn auf. Und so bleibt man nicht in seinen alten Verhaltensmustern gefangen, sondern entscheidet sich wieder bewusst für oder gegen etwas.

Sicher interessiert es Sie, wie es mit Frank weitergegangen ist. Eine Woche später sitzen wir uns wieder am Kamin gegenüber. Frank sieht schon viel entspannter aus als beim letzten Mal. Er schießt gleich los. »Ina, ich habe es die ganze Woche geschafft, nicht zu rauchen. Und wenn meine Freunde und Arbeitskollegen mir aus Gewohnheit eine Zigarette angeboten haben, sagte ich ihnen: ›Nein, danke, ich bin Sportler!‹«

»Du hast dir also eine neue Identität zugelegt«, sage ich überrascht. »Genau diesen Trick wollte ich dir heute zeigen.« Ich denke kurz nach: »Dann werden wir jetzt deine neue Identität noch gut verankern. Und zwar mit dem Powermove. Hast du davon schon gehört?« Er schaut mich schief an. »Ja, gehört schon, aber wie man den durchführt, das weiß ich nicht.«

»Gut, dann steh bitte auf!« Er kriecht aus seinem Sessel hervor. »Oh, ich bin diese Woche auch dreimal gelaufen und habe solchen Muskelkater. Ich dachte, in dieser Stunde könnte ich mich entspannen.« Nicht gerade die besten Voraussetzungen, um den Powermove zu üben. »Wo hast du den Muskelkater?«

»In den Beinen, ich kann kaum gehen.«

Gut, dann sind ja die Arme einsetzbar. Ich bitte ihn, sich schulterbreit hinzustellen. »Du bist Rechtshänder, nimm bitte deinen rechten Arm und ziehe ihn mit dem Ellbogen nach hinten. Jetzt lass einen kurzen Schlag mit der Faust nach vorne folgen, wie beim Boxen.« Er schlägt rasant nach vorne. »Ja, genau so. Das ist von nun an dein Powermove.«

Er schaut mich verdutzt an. »Was, das ist alles? Und was soll ich mit dem Move?«

»Schön mit der Ruhe. Wie ist deine Körperhaltung, wenn du dich als Sportler siehst?« Er stellt sich aufrecht und gespannt hin. »Und wie fühlst du dich?«

»Glücklich! Ich kann es gar nicht fassen.«

»Wie atmest du?« Er atmet tief. »Verstärke das Sportler-Gefühl nun noch.« Er nimmt eine noch aufrechtere Haltung ein. »Und nun verzehnfache das Gefühl.« Ich merke an seiner Körperhaltung, dass er gefühlsmäßig voll in der Situation ist. »Und jetzt wirst du den Powermove machen und dazu ganz laut rufen: ›Ich bin Sportler!‹« Sofort legt er los: »Ich bin Sportler! Ich bin Sportler! Ich bin Sportler!« Er wiederholt den Powermove drei Mal mit kraftvoller Bewegung. Er lächelt mich an wie ein Sportler, der es gerade geschafft hat, einen Marathon in der von ihm gesetzten Zeit zu laufen.

»Immer, wenn du schwach wirst, wirst du den Powermove brauchen. Doch wir müssen noch eines bedenken: Es wird Leute geben, die es doof finden, dass du dir eine neue Seite zugelegt hast. Die fragen sich dann: Ist der jetzt komplett von der Rolle? Gibt es jemanden in deinem Bekanntenkreis, der das blöd finden könnte, dass du dich jetzt als Sportler siehst und mit dem Rauchen aufhörst?«

Frank stöhnt auf. »Ja, meine Mutter, denn dann kann sie

mir nicht mehr sonntags nach Kaffee und Kuchen bei einer gemeinsamen Zigarette ihr Leid klagen.«

»Wie könntest du mit der Situation umgehen?«

Er schaut mich fragend an. »Ich weiß es noch nicht. Ich lasse mich überraschen. Vielleicht fängt sie ja auch mit dem Laufen an«, meint er verschmitzt.

Als Frank eine Woche später wieder auftaucht, sieht er traurig aus. »Was ist los?«

»Meine Mutter ist sauer, weil ich ihr gesagt habe, dass mir ihre Jammerei auf die Nerven geht. Wenn sie etwas ändern will im Leben, soll sie es durchziehen.« In dem Moment läutet Franks Handy. Er nimmt es aus der Hosentasche und will es ausschalten. Ich bitte ihn, nachzuschauen, wer dran ist; ich habe da so eine Vorahnung. Es ist wirklich seine Mutter. »Hallo, Mama.« Dann lauscht er und kommt gar nicht zu Wort. Seine Mundwinkel verbreitern sich zu einem erleichterten Lächeln. »Gratulation, Mama!« Er legt auf.

»Ihr tut es leid, dass sie mich als alleinigen Adressaten für ihren Kummer benutzt hat. Sie will jetzt wirklich etwas ändern in ihrem Leben. Sie hat sich für einen Yogakurs angemeldet. Das Rauchen will sie aber vorerst beibehalten.« Frank stehen die Tränen in den Augen. »Schon interessant, dass man mit seinem Lebensstil auch andere Menschen inspirieren kann.«

»Frank, jetzt ist es an der Zeit, dass du dir einmal ausgiebig auf die Schulter klopfst.«

Das macht er, ohne zu zögern. »Ina, du hast recht, man lobt sich ja selbst viel zu selten. Aber in dem Fall ist es echt angebracht«, sagt er freudestrahlend.

Heute ist Frank erfolgreicher Triathlet. Er hat eine reizende Freundin, mit der er in einem Haus am Wald lebt. Er genießt sein Leben. Er hat noch rechtzeitig die Kurve gekriegt: Die Lungenschmerzen waren falscher Alarm. Er ist kerngesund.

Die letzte Zigarette mit der WWW-Methode

Entscheidungen werden emotional und nicht rational getroffen. Nur wenn Sie starke Emotionen in sich erzeugen, die es für Sie zum Muss werden lassen, mit dem Rauchen aufzuhören, werden Sie auch Erfolg haben.

1. Überlegen Sie genau: *Was* ist es, das Ihren Ist-Zustand ausmacht, und *was* ist es, das Sie wollen?

2. Entdecken Sie, wo genau Ihr wunder Punkt liegt, wo Sie sich selber knacken können. Das ist das *Warum*.
   Beim Thema Rauchen geht es fast immer um einen der drei folgenden Punkte:
   - Beziehungen: Sie sind es leid, in Ihrem Freundeskreis einer der wenigen Raucher zu sein. Sie wollen nicht mehr mit der Zigarette frierend draußen im Nieselregen stehen, während alle anderen sich drinnen amüsieren. Sie mögen nicht, dass Ihre Kleidung nach Rauch riecht, und Sie mögen noch weniger, dass das auch Ihr Gegenüber bemerkt. Sie erkennen, dass sich Ihr Besuch unwohl fühlt und baldmöglichst verabschiedet, weil Ihre Wohnung nach kaltem Rauch stinkt.
   - Gesundheit: Wenn Ihre Beine anfangen zu kribbeln, wird der Absprung in Richtung Nichtraucher-Dasein deutlich leichter. Denn niemand möchte sich seine Beine amputieren lassen müssen, weil sie durch die jahrelange Raucherei gesundheitlich stark geschädigt sind.
   - Geld: Immerhin verwandeln Sie als starker Raucher in zehn Jahren an die 15.000 Euro zu Asche. Damit können Sie sich ein neues Auto kaufen.

   Wie gehen Sie nun an die Sache heran?

3. Legen Sie sich eine neue Identität zu, die mit dem Rauchen unvereinbar ist. Frank ist nun Sportler. Welche Seite möchten Sie sich zulegen?

Nehmen Sie endlich Ihr Leben selbst in die Hand! Der Powermove wird Sie dabei unterstützen.

Teil 4: Ergebnisse erzielen

11 Schluss mit den Sorgen!

Sorgen machen krank und lassen Sie schneller altern! Es sind nicht immer nur die äußeren Umstände, die Ihr Leid verursachen. Ihre Sichtweise auf Probleme kann nämlich auch dazu beitragen.

Schon um 1930 erkannte der Arzt Dr. Pratt von der Poliklinik Boston, dass es einen Zusammenhang zwischen Sorgen und körperlichen Beschwerden gibt. Er führte in der Klinik ein Seminar ein, in welchem die Teilnehmer lernen konnten, Sorgen in ihrem Leben zu minimieren. Neunzig Prozent der Leute wurden gesund, ohne dass sie weiter ärztlich behandelt werden mussten.

Wodurch entstehen Sorgen? Wenn Sie mit Wut, Ärger oder Angst in der Vergangenheit oder in der Zukunft herumwühlen: Vergangenes ist vergangen, das können Sie nicht mehr ändern. Und einige der Zukunftssorgen, die Sie haben, treffen nie ein.

In Kolumbien hatte ich eine erkenntnisreiche Begegnung: Roberto ist Straßenverkäufer in einem kleinen Dorf im Norden Kolumbiens. Er verkauft aus Draht geformte Figuren an Touristen. Seine ganze Art spricht mich sehr an, sodass ich ihn zum Mittagessen einlade – in der Hoffnung, dass er mir seine Lebensgeschichte erzählt.

Wir setzen uns ins nächste Lokal, bestellen und dann fängt Roberto an, zu reden:

Er hat oben in den Bergen gewohnt, im Urwald. Auf der Ackerfläche neben seinem Häuschen hat er zusammen mit seiner Frau und seinen beiden Kindern angebaut, was sie zum Leben brauchten: Getreide, Kartoffeln, Bananen, Kakao usw.

Sein glückliches Leben änderte sich, als er in einem nahe gelegenen Fluss einen großen, grünen Stein fand, den er kunstvoll bearbeitete. Eines Tages besuchte ihn ein Mann, der ihm den Stein abkaufen wollte. Unter der Vorgabe, den Stein am nächsten Tag zu bezahlen, gab Roberto dem Fremden das wertvolle Stück mit. Bezahlt hat es dieser ab nicht. Stattdessen besuchte er ihn noch ein zweites Mal und forderte auch den nächsten Stein, an dem Roberto gerade arbeitete. Nachdem sich der Künstler weigerte, dem Fremden sein Kunstwerk anzuvertrauen, zog dieser eine Waffe und zerschoss den Stein in tausend Stücke. Am nächsten Tag erzählte Robertos Nachbar, dass der Fremde angekündigt hatte, in der folgenden Nacht Roberto samt Familie umzubringen. So musste Roberto hier in dieses kleine Dorf im Norden Kolumbiens flüchten. Seine Frau und seine Tochter hat Roberto seit diesem Tag nicht mehr wiedergesehen – da sie sich, um schwerer zu finden zu sein, während ihrer Flucht trennten. Seit einem Jahr lebt er nun mit seinem Sohn hier in diesem Dorf und verkauft seine Drahtfiguren.

Ich sehe Roberto fasziniert an. Unglaublich, wie er sich durchs Leben schlägt. In Kolumbien gibt es keine Arbeitsagentur, die Menschen in solchen Fällen unterstützt. Roberto hat nicht einmal einen Beruf erlernt, geschweige denn, je für eine Firma gearbeitet. Er musste sich etwas einfallen lassen, um über die Runden zu kommen. Gott sei Dank konnte er lesen und schreiben. In einem Buchladen entdeckte er ein Buch, wo beschrieben ist, wie man aus Draht diese Figuren bastelt. Er erbat sich Draht von einer Baustelle und fing damit an, seine Werke an Touristen zu verkaufen. Bis vor einem halben Jahr hat er mit seinem Sohn am Strand geschlafen. Mittlerweile hatte ihm jemand ein Wellblech geschenkt. Das hatten die beiden oben am Hügel hinter diesem Dorf zwischen vier Bäume gespannt. Das ist jetzt ihr zu Hause.

Ich bin fasziniert von seiner Lebensfreude, trotz all der schwierigen Lebensumstände.

»Weißt du, Ina, Freiheit ist, wenn man weiß, dass man mit allen Herausforderungen des Lebens irgendwie umgehen kann.« Das Studium auf der »Universität des Lebens« scheint wohl einen lehrreichen Praxisteil zu beinhalten.

»Hast du nie Sorgen, wie du den nächsten Tag überleben wirst?«, frage ich ihn.

»Nein, denn ich denke heute noch nicht an den nächsten Tag. Ich gebe jetzt mein Bestes. Ich habe nur *heute*. Wer weiß, vielleicht findet mich der Mann eines Tages. Also warum über morgen nachdenken? Durch diese Situation habe ich wenigstens das Dorfleben kennengelernt. Hier wäre ich sonst nicht gelandet«, sagt er lächelnd.

»Du schaffst es wohl, auch sehr schwierigen Lebenssituationen etwas Positives abzugewinnen?«

Der fünfundvierzigjährige Roberto sieht mich an: »Was für eine Wahl habe ich? Ich kann die Situation nun mal nicht ändern. Also mache ich das Beste daraus! So ist das Leben. Mir hat gestern ein Tourist Darwins Evolutionstheorie erklärt.«

»Und was genau willst du mir damit sagen?«

»Dass Menschen, Pflanzen und Tiere, sofern ich die Theorie richtig verstanden habe, sich nach und nach an ihre Umweltbedingungen anpassen. Und nur diejenigen, die die Anpassung erfolgreich schaffen, überleben. Ein Beispiel mit Vögeln, die sich von einer bestimmten Art Beeren ernähren: Wenn es diese Beeren aus irgendeinem Grund plötzlich nicht mehr gibt, werden nur die Vögel überleben, die sich eine andere Nahrungsquelle suchen. Die Vögel, die flexibel genug sind, sich etwas Neues einfallen zu lassen: auswandern, andere Beeren fressen oder auf ausgegrabene Wurzeln als Nahrungsquelle umsteigen. Die Tiere, die auf eine bestimmte Beerensorte fixiert bleiben, werden irgendwann verhungern. Und bei den Vögeln, die auf die Wurzeln umgestiegen sind, passt sich der Körper mit der Zeit an die neuen Lebensumstände an. Sie entwickeln zum Beispiel immer längere Krallen, um besser in der Erde wühlen zu können, und ihr Magen passt sich an das neue Futter an. Das ist Darwins Evolutionstheorie. Und auch wir Menschen sind auf der Welt, um mit den gegebenen Umständen zurechtzukommen. Wir werden vor Herausforderungen gestellt und nur diejenigen, die flexibel genug sind, neue Lösungen zu finden, werden am Schluss überleben.«

»Und weißt du«, fährt er fort »jeden Morgen, wenn ich aufwache, bin ich dankbar. Dankbar dafür, dass mein Sohn gesund ist, dass wir eine Möglichkeit gefunden haben, an Geld zu kommen, um Nahrung zu kaufen. Und ich bin auch dankbar für die Dinge, die die meisten als selbstverständlich betrachten: meine Augen, die mir die Welt in all den bunten Farben zeigen. Meine Ohren, die mich Musik und das Rauschen der Wellen hören lassen. Meine Haut, die mich spüren lässt, wie der Wind sie sanft berührt. Am Morgen bete ich auch, dass es meiner Frau und meiner Tochter gut geht. Ich wünsche mir, sie beide bald wiederzufinden.«

Die Begegnung mit Roberto hat mein Leben verändert. Ich habe daraus gelernt: Jeder Mensch kann unser Coach sein. Indem er uns seine Lebensgeschichte erzählt und von seinen Erfahrungen und Erkenntnissen berichtet.

Wie werden Sie nun Ihre Sorgen los?
Bevor Sie anfangen, über ein Problem nachzudenken, relativieren Sie dieses immer: Sie kommen auf die Welt und sterben wieder. Worum geht's also auf der Erde? Dass Sie glücklich sind und anderen ein Stück vom Kuchen abgeben. Sorgen machen unglücklich und depressiv.

Gehen Sie in der Vorstellung fünf Jahre in die Zukunft und schauen Sie auf Ihr jetziges Problem zurück: Wie viele Sorgen ist dieses Problem wirklich wert?

Arnold, ein fünfundzwanzigjähriger Mann, kommt zu mir ins Coaching. Er fängt gleich an, über seine Sorgen zu sprechen:

»Ich bin schon ganz depressiv. Ich mache gerade eine Ausbildung an einer Fachhochschule und habe so viel zu lernen, dass ich keine Ahnung habe, wie ich es schaffen soll. Nebenbei arbeite ich noch als Kellner. Mir ist das alles zu viel. Ich weiß nicht weiter. Ich bin am Ende.«

Ich will ihm aufzeigen, dass er mehr Vertrauen in sich selbst haben muss: »Angenommen, du schaffst eine Prüfung tatsächlich nicht. Was ist das Schlimmste, was dir passieren kann?«

Arnold sieht mich überrascht an: »Ja, dann muss ich die Prüfung noch einmal machen.«

»Und wenn du sie wieder nicht schaffst?«

»Dann muss ich ein Jahr mit der Schule aussetzen und kann erst dann weitermachen.«

»Und was könntest du in diesem ›freien‹ Jahr machen?«

»Vielleicht vier Monate als Kellner arbeiten, Geld sparen und für ein paar Monate nach Thailand gehen. Thailand ist nämlich mein großer Traum.« Er strahlt mich an.

»So, wie du mich jetzt gerade ansiehst, scheinst du dich mit dem Gedanken ganz gut abzufinden?« Ich lächle Arnold an.

»Ja, im schlimmsten Fall gehe ich also auf Reisen!« Während er sich freut, boxt er mit seiner rechten Faust nach oben in die Luft.

»Arnold, das ist ab nun dein Happymove!«

»Was?«

»Dieser Luftboxer, als du dich gefreut hast. Mach den immer, wenn du dich richtig gut fühlst, und sage ›yippie‹ dazu. Dann verankerst du in deinem Köper in dieser Boxbewegung ein gutes Gefühl. Und immer, wenn es dir einmal nicht so gut geht, kannst du mit deinem Happymove dein gutes Gefühl wieder hervorzaubern.«

Durch das Gespräch hat Arnold gelernt, dass er seine Gefühle selbst bestimmen kann.

Warum ist es wichtig, sich mit dem Schlimmstmöglichen abzufinden?

Weil Sie dann innerlich lockerer, entspannter und so lösungsorientierter sind. Sie wissen, Sie können nichts mehr verlieren, im besten Fall nur gewinnen. Mit dieser Energie geben Sie dann ihr Bestes, um das Schlimmstmögliche abzuwenden.

Wie können Sie Ihr Bestes geben?

Wenn die Situation eine ist, die Sie nicht ändern können, dann akzeptieren Sie das Unvermeidliche. Es bringt nichts, sich den Kopf über die Gegebenheit zu zerbrechen. Dadurch ändert sich der Status nicht. Es hat alles seinen Sinn im Leben.

Das Leben ist spannend! Und nur an Herausforderungen können Sie wachsen!

Auch wenn es manchmal sehr mühsam ist, lernen Sie aus jeder Situation. Was, das wird Ihnen manchmal erst klar, wenn Sie ein paar Monate später auf die Situation zurückblicken.

Es hilft, sich schon jetzt vorzustellen, Sie wären drei Jahre in der Zukunft und blickten zurück auf die jetzigen Herausforderungen. Fragen Sie sich also:

Was haben Sie daraus gelernt?

Was ist das Gute an der Situation?

Wie können Sie, trotz aller Widrigkeiten, Humor in die Angelegenheit bringen?

Raus aus den Sorgen mit der WWW-Methode

Was genau wollen Sie in Ihrem Leben?
Weniger Sorgen?

Warum?
Weil Sorgen auf Dauer krank und unglücklich machen!

Wie?
Entweder Sie ändern die Situation oder Ihre Einstellung dazu!
  Aber *wie?*
  Wenn Sie ein Problem haben, das Ihnen Sorgen bereitet, fragen Sie sich: Was ist das Schlimmste, was passieren kann? Machen Sie sich das Schlimmstmögliche bewusst und geben Sie dann Ihr Bestes, um das Schlimmste abzuwenden.
  Warum sich das Schlimmstmögliche bewusst machen? Weil Sie dann innerlich lockerer und entspannter an die Sache herangehen und so lösungsorientierter sind. Sie können dann nichts mehr verlieren, im besten Fall etwas gewinnen.
  Wie können Sie Ihr Bestes geben? Fakten sammeln, die für Sie und die gegen Sie sprechen. Fragen Sie sich: Was ist das Problem? Was genau hat zu dem Problem geführt? Was gibt es für Lösungsmöglichkeiten? Für welche entscheiden Sie sich?
  Wenn die Situation eine ist, die Sie nicht ändern können, dann akzeptieren Sie das Unvermeidliche und verschwenden keinen weiteren Gedanken daran. Es bringt nichts, sich den Kopf darüber zu zerbrechen.

Gliedern Sie Ihr Leben in Einheiten von Tagen. Leben Sie immer nur von morgens bis abends, dann kommen Ihnen alle Dinge, die zu erledigen sind, nicht mehr so groß vor.

Der beste Weg, sich auf die Zukunft vorzubereiten, ist, heute das Beste zu geben. Leben Sie im Jetzt.

Es geht darum, dass es Ihnen auf dieser Welt gut geht. Und das können Sie zu einem großen Teil selbst beeinflussen. Unterstützen Sie sich noch, indem Sie sich bei jedem Problem fragen: Was ist das Gute an der Situation? Was habe ich daraus gelernt?

Lernen Sie, Dinge mit Humor zu sehen.
Kreieren Sie einen »Happymove«: eine Bewegung und einen Laut, den Sie von sich geben. Zum Beispiel den rechten Arm mit einem lauten »Juhu« schwungvoll nach oben in die Luft boxen. Diesen Move können Sie emotional aufladen, indem Sie immer wieder, wenn Sie sich richtig gut fühlen, diese Bewegung samt Ton machen. Dann ist das gute Gefühl in der Bewegung verankert. Und wenn Sie einmal in Sorgenstimmung sind, machen Sie den »Happymove« und das gute, lösungsorientierte Gefühl kommt wieder und hilft Ihnen, schnell einen Ausweg zu finden. In guter Stimmung lösen sich Probleme leichter und müheloser.

Und denken Sie immer daran: Es hat alles seinen Sinn im Leben.

Das Leben ist spannend! Und nur an Herausforderungen können Sie wachsen!

12 Der beste Job der Welt

Es geht im Leben nicht darum, einen angesehenen Job zu haben. Es geht darum, man selbst zu sein und den Job danach auszurichten.

Haben Sie derzeit den richtigen Job für sich? Das merken Sie an Ihrem Gefühl.

Mozarts Schüler fragte seinen Meister: »Meister, kann ich auch schon eine eigene Symphonie komponieren?« Der Meister sieht seinen Schüler an: »Nein.« Der Schüler ist empört: »Aber warum nicht?« Mozart antwortet: »Wenn du schon so weit wärst, hättest du mich nicht gefragt.«

Wenn Sie das für Sie Richtige tun, dann wissen Sie das innerlich. Dann brauchen Sie sich nicht immer wieder zu fragen: Ist es das?

Wenn Sie sich morgens widerwillig aus dem Bett quälen und fünf Tassen Kaffee brauchen, bis Sie überhaupt die Kraft haben, sich selbst zu überreden, in die Arbeit zu gehen, dann sollten Sie überdenken, ob Sie den für Sie passenden Job haben.

Fragen Sie sich: Arbeite ich in einem Bereich, der meinem Potenzial entspricht?

Wir verbringen ein Drittel unserer Lebenszeit schlafend und ein weiteres Drittel bei der Arbeit. Das heißt, die Hälfte unserer Wachzeit verbringen wir arbeitend. Kein Wunder, dass manche Menschen Depressionen oder Burnout bekommen, wenn sie in einem Job sitzen, der ihnen entweder keinen Spaß macht oder sie über- oder unterfordert. Das heißt nicht, dass Sie den jetzigen Job gleich an den Nagel hängen müssen, nur weil Sie nicht immer freudestrahlend in die Arbeit tanzen. Es gibt auch Möglichkeiten, einen für Sie stupiden Job interessant zu machen.

Zum Beispiel gibt es in Wien einen U-Bahn-Fahrer, der sich per Mikrofon über die Fahrgäste und über deren zu langsames oder zu schnelles Aus- und Einsteigen äußert. Kabarettreif. Manche Fahrgäste fahren mittlerweile mit dem Zug bis zur Endstation und wieder zurück zu der Station, wo sie eigentlich geplant hatten, auszusteigen, nur um den witzigen Worten zu lauschen und herzlich zu lachen. Der Fahrer ist mittlerweile stadtbekannt. Er hat schon eine eigene Facebook-Fanseite mit mehreren tausend Mitgliedern. Er ist ein Mensch, der sich seine Arbeit amüsant gestaltet. Und er nutzt auf jeden Fall sein Talent.

Wie aber finden Sie nun den zu Ihnen passenden Job?
Fragen Sie andere Menschen, ob diese mit ihrem Job glücklich sind. Wenn ja, dann erkundigen Sie sich, wie sie herausgefunden haben, was beruflich zu ihnen passt. So können Sie sich inspirieren lassen, wie Sie das für sich Passende finden. Durch das Sprechen mit anderen Menschen hören Sie auch von Jobmöglichkeiten, die Sie im Internet und in der Zeitung nicht finden. Lassen Sie sich anregen von Menschen, die ihren Beruf selbst erfunden haben.

Ein paar Beispiele von Menschen, die den richtigen Job gefunden haben:
Sunny ist achtunddreißig Jahre alt, begeisterter Windsurfer und wollte seine Leidenschaft mit seinem Beruf verbinden. Das hat er auch erfolgreich geschafft. Mit fünfzehn begann er, in einem Sportgeschäft als Verkäufer zu arbeiten. Dieses Geschäft ist mittlerweile auf Windsurfmaterial spezialisiert und er verkauft sieben Monate im Jahr in Europas Sommerzeit Windsurfmaterial und im Winter ist er fünf Monate in Südafrika, um für eine bekannte Surfzeitschrift das Material zu testen.

Frederik und Alina, sechsunddreißig und vierunddreißig, lieben beide das Reisen. Sie ist Fotografin und er professioneller Windsurfer. Nun fahren sie von Surfspot zu Surfspot auf der ganzen Welt. Während er trainiert, fotografiert sie die Surfer und macht Fotos für Werbematerial der Hotelanlagen.

Franziska, siebenundvierzig, war Psychotherapeutin und wollte das nicht mehr. Heute hält sie Vorträge zum Thema Glück. Dazu schreibt sie gerade ein Buch. Sie hat sich für die Romanform entschieden, weil diese sich ihrer Meinung nach besser liest als ein Ratgeber.

Eva ist mit ihrem Mann und zwei kleinen Kindern nach Costa Rica ausgewandert. Er ist inzwischen nach Deutschland zurückgegangen, sie ist geblieben. Und als ihre Kinder ins Schulalter kamen, bemerkte sie, dass es keine Schule gab, die ihren Ansprüchen gerecht wurde. So hat sie eine eigene aufgezogen.

Michael Wigge, Autor des Buches »Ohne Geld bis ans Ende der Welt«, scheint das Abenteuer und die Herausforderung zu lieben. Und dementsprechend richtet er sein Leben aus. Er fährt von Berlin über Nord-, Mittel- und Südamerika zum Südpol. Und das, ohne einen Euro in der Tasche zu haben. Das Geld verdient er sich unterwegs auf skurrilste Art und Weise, zum Beispiel mit Polsterschlachten (eine Art öffentliche Kissenschlacht) in den Straßen von San Francisco. Und er trifft auch immer wieder Menschen, die ihm weiterhelfen. Das Buch ist sehr lesenswert, weil es einfach die starren Muster des Denkens aufbricht und den Leser auf neue Ideen bringt.

Heutzutage geht es nicht mehr darum, vom Kindergarten bis zur Pension in derselben Firma zu arbeiten. Erfinden Sie sich immer wieder neu. Machen Sie einen Job, solange er Ihnen Spaß macht, und wenn Sie sich weiterentwickeln wollen, dann machen Sie eine Schulung oder Weiterbildung. Es gibt so viele spannende Bereiche auf dieser Welt. Es ist Ihr Leben. Sie leben nur einmal. Also machen Sie das Beste daraus. Hören

Sie auf sich und nicht auf die anderen. Und wenn Sie etwas machen, das Ihnen Spaß macht, dann kommt das Geld meist von alleine.

Haben Sie Mut zur Veränderung! Das Leben ist Veränderung! Nichts bleibt gleich. Also lassen Sie sich vom Fluss des Lebens mitreißen und werfen Sie sich in den Strom. Lassen Sie sich fallen. Hören Sie auf Ihr Herz.

Der beste Job mit der WWW-Methode

Was wollen Sie genau?
Ein Job, der Ihrem Potenzial entspricht?
Haben Sie genug davon, wie ein Hamster im Alltags-Rad zu treten?
Haben Sie genug davon, in einem Job zu sitzen, der Ihnen keinen Spaß macht?

Warum wollen Sie etwas verändern?
Stellen Sie sich vor, Sie schauen irgendwann vom Sterbebett auf Ihr gelebtes Leben zurück:
Hatten Sie ein beruflich herausforderndes, inspirierendes, spannendes, abenteuerreiches Leben, oder war es eher langweilig und mühselig? Wenn Zweiteres der Fall war, fragen Sie sich, was Sie hätten tun können, damit Sie Ihre Berufung gelebt hätten.

Wie finden Sie den richtigen Job?
Sich von anderen Menschen inspirieren zu lassen ist erlaubt. Fragen Sie Menschen, die ihr Arbeitsglück gefunden zu haben scheinen, wie sie auf diesen Weg gekommen sind. Und lassen Sie sich Anstöße geben.
Und zusätzlich beantworten Sie bitte ganz ehrlich folgende Fragen:
Was können Sie gut?

Wo haben Sie eine Fähigkeit, die Ihnen bis dato noch gar nicht so bewusst war?

Wo haben Sie Talent?

Womit inspirieren Sie andere Menschen?

Was von den oben genannten Dingen macht Ihnen Spaß?

Was ist Ihnen wichtig im Job?

Was würden Sie arbeiten, wenn jeder Job gleich bezahlt wäre?

Wenn Sie eine Million Euro geschenkt bekämen unter der Bedingung, das Geld innerhalb von einem Monat auszugeben, was würden Sie tun?

Anstatt zu sagen »ich brauche Geld«, fragen Sie sich: »Welche Arbeit kann ich erbringen, dass ich Geld verdiene?«

Wenn Sie innerhalb der nächsten drei Monate ein Geschäft, das Dienstleistungen oder Waren verkauft, eröffnen müssten, was hätten Sie zu bieten?

Was möchten Sie Ihr Leben lang mit Spaß und Freude tun?

13 Raus aus dem Alltagstrott, rein in den Flow!

Was waren die glücklichsten Momente Ihres Lebens?

Csikszentmihalyi Mihaly, ein ungarischer Glücksforscher, hat 25 Jahre lang in 39 Ländern der Erde Menschen, vom Obdachlosen bis zum Manager, vom Olympiasieger bis zum Schauspieler, von der Hausfrau bis zum Bankangestellten, nach ihren glücklichsten Momenten im Leben befragt. Und er entdeckte eine Gemeinsamkeit: Stellen Sie sich vor, Sie gehen einer scheinbar sinnlosen Tätigkeit nach, einfach nur, weil es Ihnen Spaß macht. Die Betätigung an sich befriedigt Sie so sehr, dass es Ihnen egal ist, ob Sie dafür entlohnt werden oder nicht.

Sie machen die Sache, weil sie Ihnen Spaß macht. Sie müssen nicht; sie wollen. Das Gefühl während der Tätigkeit ist für Sie entscheidend, nicht das Ziel. Sie sind kreativ. Sie entdecken Neuland. Sie fühlen sich in dem Moment frei, auch wenn das Leben rundherum noch so festgefahren ist. Sie vergessen sich selbst vollkommen, sie gehen ganz in der Aufgabe auf.

Sie sind ein Teil der Aufgabe. Zeit spielt keine Rolle mehr.

Sie müssen sich ein bisschen anstrengen. Gerade so viel, dass Sie mit den Gedanken nicht abschweifen, aber nicht so sehr, dass Sie überfordert sind. Sie haben das Gefühl, Sie sind der Aufgabe gewachsen. Mit jeder weiteren Aktivität lernen Sie dazu. Wenn Sie die Betätigung beenden, fühlen Sie sich selbstbewusster und stärker als vor Beginn der Sache.

Wenn Sie diesen Zustand einmal erreicht haben, wollen Sie ihn nie wieder verlieren. Sie verstehen, was es heißt, angekommen zu sein.

Das ist die Gemeinsamkeit der glücklichsten Momente von Menschen aller Kulturen und Bevölkerungsschichten. Das ist Flow. Durch Flow genießen Sie jeden Aspekt des Lebens mehr.

Schon als Kind hat sich Lennard dafür interessiert, wie man Kleidungsstücke näht. Als seine Mutter eine Schneiderlehre absolviert, zeigt sie ihrem Sprössling, wie man näht. Und der Junge beginnt voller Begeisterung, selber Kleidungsstücke zu zeichnen, zu entwerfen und dann zu schneidern. Mit sechzehn ist Lennard bereits einer der Stars der Designerwelt.

Viele große Wissenschaftler und Künstler, wie Leonardo da Vinci, Michelangelo usw., haben ihr Werk als Hobby betrieben, ohne große Staatszuschüsse. Einfach, weil es ihnen Spaß machte.

Die Natur hat sich schon etwas gedacht dabei, uns Menschen das Flow-Gefühl mit auf den Weg zu geben. So sind wir neugierig und entwickeln uns weiter. Jede wissenschaftliche Entdeckung, jede technische Neuerung ist Produkt eines Individuums, welches irgendwann mit Spaß und Freude einer scheinbar sinnlosen Tätigkeit nachgegangen ist.

Wie zum Beispiel Conrad Zuse. Er hatte keine Lust mehr, Rechnungen im Kopf auszuführen. Und so hat er unseren heutigen Computer erfunden. Er ist 1995 gestorben und hat für seine Erfindung nie einen Cent bekommen. Er hat es einfach gemacht, weil es ihm Spaß machte. Die Leute hielten ihn anfangs für verrückt, weil er sein ganzes Zimmer verkabelt hatte.

Lassen Sie sich für Ihre Leidenschaften nicht für verrückt erklären. Bedenken Sie: Viele Neuerungen wurden zu Beginn von anderen Menschen belächelt.

Eine fünfundfünfzigjährige Dame geht mit ihrem Enkel das erste Mal in ihrem Leben in die Disco. Sie ist so begeistert von der Musik und vom Beat, dass Sie beschließt, DJ zu werden. Heute ist sie mit einundsiebzig Jahren die bekannteste Disco-Oma der Welt. Am Anfang belächelt, jetzt mit dem Ausleben ihrer Begeisterung erfolgreich. Und wer weiß, vielleicht gibt es in zehn Jahren schon mehrere Disco-Omas.

Ein Italiener, der eine Spontanheilung erlebt, beginnt in seiner Gläubigkeit, ohne architektonische Ausbildung, aus Müll einen Dom zu bauen. Alleine. Natürlich halten ihn die Leute für verrückt. Aber er hat Spaß an seiner Tätigkeit. Mittlerweile ist er über achtzig Jahre alt und hat fünfzig Jahre an seinem Dom gebaut, ohne Baugenehmigung. Die Behörden haben sein Treiben einfach geduldet. Mittlerweile ist der Dom eine Touristenattraktion.

Ein Deutscher geht seiner Leidenschaft nach, ein Kreuzfahrtschiff zu bauen. Innerhalb von elf Jahren stellt er sein neununddreißig Meter langes Werk fertig. In seinem Garten. Natürlich belächeln ihn die Leute ob seiner absurden Idee, doch das Interesse der Menschen wird immer größer, bis sogar das Land die Kosten für den Transport des Schiffs ins Wasser übernimmt. Menschentrauben stehen am Wasser und wollen dabei sein, als das Boot das erste Mal in den Fluss gleitet. Die Aktion ist ein Großereignis. Unglaublich: Das Boot schwimmt tatsächlich. Mittlerweile lebt dieser Mann mit seiner Frau auf dem Schiff und sie reisen damit herum. Er lebt seinen Traum.

Mit Flow bringen Sie Ihr Leben auf eine höhere Ebene. Sie verwandeln Entfremdung und Langeweile in Engagement und Freude. Hilflosigkeit und Ausgeliefertsein in ein Gefühl der Kontrolle über Ihr Leben. Wenn Ihre Lebenserfahrungen sich in sich selbst lohnend anfühlen, leben Sie in der Gegenwart, anstatt zu einer Geisel für einen vermuteten zukünftigen Vorteil zu werden.

Wenn Sie aber eine Aufgabe nur machen, weil Sie sich einen künftigen Gewinn davon versprechen oder weil Sie diese aus irgendeinem Grund tun müssen, und wenn Ihre Freizeit nur aus passiver Konsumierung von Informationen besteht, ohne dass Sie neue Fähigkeiten und Handlungsmöglichkeiten erforschen, verstreicht Ihr Leben als Abfolge langweiliger Erfahrungen, auf die Sie wenig Einfluss haben.

Sie fragen sich: Warum bin ich nicht so richtig zufrieden und glücklich? Sie stellen sich immer wieder die Frage: Soll es das gewesen sein? Sie suchen nach Ersatzbefriedigungen, um wenigstens für kurze Zeit die Probleme des Alltags zu vergessen, vermeintlich etwas Ordnung in ihr Leben zu bringen und einen Hauch von Glück inhalieren zu können. Mitunter auch durch das Konsumieren von Drogen oder Alkohol, stundenlanges Fernsehen. Danach fühlen Sie sich aber schlechter als vorher. Das ist Anti-Flow.

Wenn das Leben zu absehbar ist und keine Herausforderungen mehr bietet, hat es keinen übergeordneten Sinn mehr.

Warum macht es also Sinn, mehr Flow in seinen Alltag zu integrieren? Flow schafft Ordnung im Bewusstsein. Die ganze Aufmerksamkeit ist auf ein Ziel gerichtet. Vergangenheit und Zukunft sind in dem Moment irrelevant. Es geht nur um das Hier und Jetzt. Gedanken, Absichten, Gefühle und alle Sinne sind aufs gleiche Ziel gerichtet. Diese Erfahrung bedeutet Harmonie. Danach fühlen Sie sich gesammelter.

Flow macht den Moment der Gegenwart erfreulicher. Sie sind generell glücklicher im Leben. Und Menschen sind lieber mit glücklichen als mit unglücklichen Menschen zusammen.

Flow stärkt das Selbstvertrauen und ermöglicht es uns, Fähigkeiten zu entwickeln und bedeutsame Beiträge für die Menschheit zu leisten.

Flow kann man lernen. Dafür müssen Sie sich entscheiden, denn es passiert nicht einfach so!

Erfüllen Sie sich Lebensträume, die Sie glücklich machen. Verwandeln Sie sich von der passiven Schachfigur zum aktiven Beweger!

Setzen Sie sich selbst ans Steuer Ihres Lebens, anstatt sich steuern zu lassen! Jedes Lebewesen muss irgendwann diese Welt hier verlassen. Auch Sie.

Stellen Sie sich vor, Sie sind am Ende Ihres Weges angekommen und blicken zurück auf Ihr gelebtes Leben. Haben Sie Ihre Talente und Ihr Potenzial genutzt? War Ihr Leben tiefsinnig und leidenschaftlich oder seicht und hohl? Abenteuerlich und spannend oder langweilig und oberflächlich?

Waren Sie für andere Menschen ein Vorbild oder ein abschreckendes Beispiel?

Was hatten andere davon, dass Sie auf dieser Welt Ihre Spuren hinterlassen haben? War Ihr Leben ein voller Erfolg für Sie? Wenn ja, Gratulation!

Falls nicht, was hätten Sie Ihrer Meinung nach anders machen können, dass es ein voller Erfolg geworden wäre? Was hätte dazugehört zu der ganzen Klaviatur eines üppig gelebten Lebens?

Werden Sie mit Wehmut vor nicht gelebtem Leben den Planet Erde verlassen oder zufrieden auf Ihr Leben zurückblicken? Wenn Zweiteres der Fall ist, dann haben Sie Flow gelebt.

Um das Leben zu verbessern, müssen Sie die Qualität Ihrer Erfahrungen verbessern.

Aber *wie?*

Beobachten Sie andere Menschen und fragen Sie diese. Lassen Sie sich inspirieren!

Probieren Sie verschiedene Dinge aus. Tanzen, Singen, Windsurfen, Stricken, Malen. Wenn etwas davon das für Sie Richtige ist, spüren Sie das instinktiv. Lösen Sie sich von sozial kontrollierten Zielen. Finden Sie Ihre eigenen Ziele, bei denen Sie die Belohnung direkt erhalten. Ziele, die nicht immer weiter in die Zukunft zu weichen scheinen. Finden Sie Ihre Erfüllung im Jetzt.

Fragen Sie sich:

Wie kann ich Routinearbeiten in persönlich sinnvolle Spiele umwandeln, die optimale Erfahrungen bieten?

Wie kann ich Spielchen ins Alltagsleben einbauen, um Micro-Flow zu erzeugen?

Was würde ich tun, wenn ich weniger Angst hätte?
Was kann ich »Verrücktes« in mein Leben einbauen?
Was bringt mein Herz zum Hüpfen und meine Augen zum Leuchten?
Für welches Lebensgefühl entscheide ich mich?

Mario war als Siebzehnjähriger wegen eines Banküberfalls für eineinhalb Jahre im Gefängnis. Ich habe selten einen Menschen gesehen, der sich für kleine Dinge des Alltags so begeistern kann. Wenn ich das Wort Strafanstalt höre, habe ich sofort Bilder im Kopf von einer kleinen Zelle, kalt, grau, trist. Mario allerdings erzählt von anderen Dingen: davon, wie er sich Mehl, Milch, Eier und Marmeladen organisierte und für andere Gefängnisinsassen Palatschinken kochte. Er versuchte, diese so variantenreich wie möglich zu gestalten. Er schafft es, aus noch so tristen Situationen eine Herausforderung und Lernerfahrung zu machen, die ihm auch noch Spaß macht. Er hat seine Begabung zum Kochen so ausgefeilt, dass er heute ein Palatschinken-Restaurant führt.

Charly hat eine Leidenschaft: Gartengestaltung. Sein Ziel: den Garten wie einen Dschungel zu gestalten. Während seine Arbeitskollegen nach der Arbeit ins Wirtshaus gehen, um ein Bier zu trinken, fährt Charly nach Hause, um an seinem Garten zu basteln. Mit Begeisterung. Von seinen vielen Reisen nimmt er Blätter von exotischen Pflanzen mit und probiert, diese zum Wurzeln zu bewegen und dann in seinem Garten anzupflanzen. Für die wärmeliebenden Pflanzen hat er ein Glashaus gebaut. Seine Tätigkeit ist für ihn wie ein Spiel. Mitten in seinem Dschungel hat er auch einen Gartentisch und einen Sessel für einen Kaffeeplausch aufgebaut. Freunde kommen sehr gerne vorbei, weil sie sich in Charlys Garten wohl fühlen und vor allem auch sehr inspiriert sind von seiner Arbeit.

Beim Flow geht es darum, seine ganzen Sinne etwas mehr zu nutzen als gewohnt: genau hinzuhören aufs Vogelgezwitscher. Den Wind auf der Haut zu spüren vor einem Gewitter. Das regennasse Gras zu riechen nach einem Sommerregen. Eine Blume genau anzusehen und einfach »Danke« zu sagen für die Schönheit unserer Schöpfung.

Katharina und Heinrich leben Flow in der Liebe. Sie meinen, Liebe muss immer komplexer werden, damit sie spannend bleibt. Die beiden versuchen, immer wieder neue Potenziale in sich selbst und aneinander zu entdecken.

Maja hat das Züchten von Bienen entdeckt. Weil sie einen Artikel übers Bienensterben gelesen hat, begann sie, sich für diese Tiere zu interessieren. Warum sterben sie? Wie leben sie? Mittlerweile hat sie einen eigenen Bienenstock und genießt den leckeren Honig. Sie hält Vorträge über das Leben der Bienen, mit Begeisterung und Inbrunst, sodass man als Zuhörer mitgerissen wird. Sie setzt sich für diese kleinen Lebewesen ein und macht den Menschen bewusst, dass wir von Bienen abhängig sind, weil sie einen Großteil unserer Pflanzen bestäuben. Und wenn die Bienen nicht mehr da sind, wer sorgt dann dafür, dass die Pflanzen Früchte tragen?

Michael hat das Klettern entdeckt, weil ihn sein Freund einmal auf einen Klettersteig mitgenommen hat. Er hat sich eine Kletterausrüstung gekauft und ist nun in jeder freien Minute am Fels. Entweder er trainiert unter einem überhängenden Felsen mit seiner Matte oder er ist am Sportklettern. »Es ist faszinierend, wie der Körper lernt und wie man von Tag zu Tag besser wird. Mittlerweile finde ich schon Tritte und Griffe im Fels, wo ich vor zwei Jahren noch nicht einmal einer Ameise zugetraut hätte, eine Vorhebung zu erkennen. Ich komme mir vor wie ein Spinnenmann, der überall hinaufsteigen kann. Das ist ein super Gefühl!«

Die Chance, dass einem Menschen im Leben nur Gutes passiert, ist vernachlässigbar gering.

Wenn Sie aber gelernt haben, Flow zu erleben, sind Sie auch fähig, in Situationen Freude zu finden, die sonst nur Verzweiflung zulassen. Lesen Sie Viktor Frankls Lebensgeschichte. Ein Mann, der das Konzentrationslager nur überlebte, weil er es schaffte, seine Psyche mit Flow-Erlebnissen so aufrechtzuerhalten, dass er mit letzter Energie die Grauen des Zweiten Weltkrieges überlebte.

Die Fähigkeit, ein Unglück in etwas Positives zu verwandeln, ist eine seltene Gabe. Fast jede Lebenssituation bietet eine Möglichkeit zum inneren Wachstum. Um Flow zu erleben, müssen Sie ein deutliches Ziel anstreben, sich in die Handlung vertiefen, Aufmerksamkeit auf das Geschehen richten und lernen, sich an der unmittelbaren Erfahrung zu freuen. Entscheiden Sie sich für *ein* Ziel und ziehen Sie das durch.

Viel Spaß im Flow!

In den Flow kommen mit der WWW-Methode

Was?

Sie wollen Flow statt Alltagstrott?
Was wollen Sie für ein Lebensgefühl?

Warum?

Wenn Sie so weitermachen wie bisher, wie geht es Ihnen in fünf Jahren? Wenn Sie in den Spiegel schauen, was sehen Sie? Was sagen andere Menschen zu Ihnen, die Ihnen begegnen? Wie fühlen Sie sich? Welche Menschen haben Sie in Ihrem Leben durch Ihr Lebensgefühl schon verloren?

Wenn Sie so weitermachen wie bisher: Wie geht es Ihnen in zehn Jahren? Wie in zwanzig Jahren?

Wenn Sie ab sofort mehr Flow in Ihr Leben einbauen: Wie geht es Ihnen in fünf Jahren?

Wie sehen Sie aus? Sind Sie glücklicher oder weniger glücklich als heute? Lebensfroher, oder weniger lebensfroh? Erfüllter, oder leerer? Was sagen andere Menschen zu Ihnen, wenn sie Sie treffen? Welche Menschen haben Sie um sich? Wie sieht Ihr Leben insgesamt aus?

Wenn Sie bewusst Flow in Ihr Leben einbauen: Wie geht es Ihnen in zehn Jahren? Wie geht es Ihnen in zwanzig Jahren?

Na, Grund genug, Ihr Leben zu ändern?

Wie?

Beobachten Sie andere Menschen, die Flow-Erlebnisse in ihr Leben einbauen. Lassen Sie sich inspirieren von den verrückten Möglichkeiten des Lebens. Probieren Sie verschiedene Varianten aus. Irgendwann spüren Sie: Das ist meins.

Leben Sie mit neuer Qualität! Viel Spaß!

14 Positive Ausstrahlung – sofort!

Erhellt sich der Raum, wenn Sie ihn betreten, oder erhellt er sich, wenn Sie wieder gehen?
Was wollen Sie? Ausstrahlung? Gott sei Dank ist Ausstrahlung erlernbar.
Warum wollen Sie Ausstrahlung? Schreiben Sie bitte ganz genau auf, warum Sie das wollen.
Menschen mit Ausstrahlung werden von anderen mehr gemocht als Menschen ohne. Aber was ist der Unterschied zwischen den beiden Typen? Was hat der eine, was der andere nicht hat?

Ich habe zwei extreme Menschentypen, nämlich Menschen mit hoher und Menschen mit sehr wenig Ausstrahlung, befragt. Wie denken und fühlen sie und was ist ihnen wichtig im Leben? Es gibt natürlich auch noch Varianten zwischen den beiden Extremen, ich halte ihnen aber die beiden Gegenpole vor Augen, um das möglichst bildlich darzustellen. Ich fange bei den Menschen an, die keine Ausstrahlung haben:

In meinen Seminaren mache ich gerne ein Experiment mit den Teilnehmern. Ich bitte sie, sich im Raum umzusehen und sich alle Gegenstände zu merken, die braun sind. Dann fordere ich sie auf, die Augen zu schließen. Dann frage ich: Was haben Sie gesehen, was rot war? Was blau war? Was grün war? Meistens relativ wenig. Denn die Teilnehmer haben ihre Aufmerksamkeit ja auf das Braune gerichtet.

Viele Menschen gehen so durchs Leben, sie richten ihren Fokus nur auf spezielle Aspekte und verpassen so die Vielfalt des alltäglichen Lebens. Andere Menschen wenden sich immer mehr von ihnen ab, weil sie sich nicht immer wieder anhören wollen, wie mühsam das Leben ist.

Je nachdem, wo Sie Ihren Fokus im Leben hinrichten, wird auch das Entsprechende in Ihr Bewusstsein gelangen. Und dementsprechend fühlen Sie sich dann. Und wie Sie sich fühlen, wirkt sich auf Ihre Ausstrahlung aus.

Unser Gehirn besteht aus hundert Milliarden Nervenzellen. Bei einer Lernerfahrung bauen sich zwischen Zellen neue Verbindungen auf. Wenn Sie das Gelernte allerdings nicht nutzen, bauen sich die Stränge wieder ab.

Wenn Sie einen bestimmten Bereich des Hirns besonders oft benutzen, zum Beispiel den Teil, den Sie fürs »Braun sehen« verwenden, dann bilden sich in diesem Bereich Nervenbahnen. Je öfter Sie diese benutzen, desto ausgeprägter werden diese.

Die »Braun-Seher« richten den Fokus auf das, was in ihrem Leben nicht passt. Sie sind problemorientiert, mögen sich selbst meist nicht und fühlen sich nicht wohl in ihrem Körper. Sie gehen davon aus, dass die Welt keine andere Aufgabe hat, als sie glücklich zu machen. Alle anderen, nur nicht sie selbst sind schuld an ihrer Misere. Sie kennen in Ihrem Leben sicher einen Prototypen.

Seit drei Tagen gehe ich Christina, einer Praktikantin, schon aus dem Weg, weil ich schon am Gesichtsausdruck erkenne, dass sie mir sicher nichts Positives erzählen wird.

Eines Tages erwischt sie mich dennoch. »Ina, ich habe gehört, du bist Psychologin. Mir geht's so schlecht. Ich bin dauernd krank, habe jetzt Kopfweh, eine Bandscheibe wurde mir auch schon rausgenommen. Und ich musste das ganze Leben kämpfen. Jetzt habe ich keinen Job und die Arbeitsagentur zahlt mir keinen Umschulungskurs. Wozu gibt es die Arbeitsagentur überhaupt? Ich habe schon drei Mal nachgefragt, immer aber haben sie meine Bitte abgelehnt.«

Meine einzige Reaktion ist: »Du jammerst.«

Christina schaut mich verdutzt an. Das hat sie sich von einer Psychologin wohl nicht erwartet.

»Christina, was konkret willst du mich fragen?«

»Ich habe keine konkrete Frage. Ich wollte dir nur einmal erzählen, dass ich durch all die äußeren Umstände einfach keine Chance habe, im Leben weiterzukommen.«

Das Zuhören ist zunehmend mühsam. Eine abschließende Frage stelle ich Christina noch, um ihr eine Hilfestellung zu geben, von selbst zu erkennen, wie sie wieder glücklich in ihrem Leben werden kann: »Christina, ich habe eine Aufgabe für dich. Und morgen reden wir weiter. Bitte schreibe heute auf einen Zettel: Was hat die Welt davon, dass es dich gibt?«

Kennen Sie Menschen, die nur von sich erzählen, möglichst negative Dinge, und auch noch erwarten, dass man ihnen zuhört und sie bemitleidet? Der Vorteil für die »Braun-Seher« ist, dass sie Aufmerksamkeit bekommen. Die Frage ist nur, ob sich andere Menschen gerne freiwillig in deren Nähe aufhalten.

Nun, was machen Menschen mit positiver Ausstrahlung anders?

Positive Ausstrahlung hängt nicht davon ab, ob Sie besonders schön, intelligent oder laut sind. Ich habe viele charismatische Menschen befragt, wie sie denken, fühlen, was ihnen wichtig ist im Leben, und stelle Ihnen Fred als Paradebeispiel vor.

»Fred, als ich dich zum ersten Mal auf die Bühne kommen sah, spürte ich einen Anflug von Mitleid. Doch das verflog sofort, als du dein breites Lächeln aufgesetzt hast.«

Fred strahlt mich an. Lächeln ist eines seiner Markenzeichen.

»Ich konnte nicht immer lachen in meinem Leben. Ich habe viel durchgemacht. Bis ich dreißig Jahre alt war, konnte ich normal gehen und laufen, wie jeder andere auch. Ich gierte nach Leben und war verrückt nach Abenteuer. Bis zu meiner Afrika-Reise. Ich fuhr mit meinem Motorrad auf einer staubigen Straße. Plötzlich kreuzte eine zwei Meter lange

Schlange meinen Weg. Ich erschrak, verriss das Lenkrad und stürzte so unglücklich, dass ich mir das Kreuz im Lendenbereich brach. Der Freund, mit dem ich unterwegs war, holte aus der nahe liegenden Ortschaft Hilfe und ich wurde ins Krankenhaus gebracht. Seitdem sitze ich im Rollstuhl.«

»Das ist eine tragische Geschichte«, kann ich meine Berührtheit kaum unterdrücken.

»Im ersten halben Jahr nach dem Unfall verzweifelte ich, sag ich dir. Meine Mitmenschen mussten sich stundenlange Jammertiraden anhören. Bis ich anfing, mich zu fragen, wie es denn wohl denjenigen gehe, die mir zuhören mussten. Sie konnten mich auch nicht retten, mussten sich hilflos fühlen und würden mir wohl in Zukunft eher aus dem Weg gehen. Das wollte ich nicht. Also überlegte ich mir, was ich mit meinem restlichen Leben anfangen würde, dass auch andere Menschen etwas von meiner Existenz haben.«

»Und was genau hast du dann geändert?«

»Ich habe begonnen, mich für andere Menschen zu interessieren. Ich habe gefragt, wie es ihnen geht. Was sie im Leben bewegt, was ihnen wichtig ist.«

»Und du konntest dich einfach von einem Tag auf den anderen so umstellen?«

»Nein, nicht ganz. Erst beschäftigte ich mich mit mir. Ich lernte, mich in dem Zustand, in dem ich war, zu akzeptieren. Ich lernte, mich in meinem Körper, trotz der Behinderung, wohlzufühlen, mit Meditation. Und dann dachte ich: Wenn ich schon so ein Schicksal habe, dann mache ich wenigstens etwas daraus. Es soll nicht ganz umsonst gewesen sein, dass ich hier auf der Welt bin und all das durchmachen musste. Ich begann, mich zu fragen: Wofür bin ich dankbar im Leben? Und ich begann, mich zu freuen, dass meine Augen noch funktionieren und dass ich hören kann. Und ich bin dankbar, dass ich so liebe Freunde habe, die gerne mit mir zusammen sind und mit denen ich viel lachen kann.«

»Und dann?«

»Dann habe ich mich gefragt: Was mache ich jetzt Sinnvolles aus meinem Leben? Und ich bin darauf gekommen, dass ich Vorträge halten könnte, um Leute, die auch schwere Schicksale in ihrem Leben haben, zu ermutigen. Das Interessante ist, dass nach den Vorträgen immer wieder Menschen zu mir kommen, um mir zu sagen: ›Ich dachte, ich hätte es schwer im Leben, aber durch deine Lebensgeschichte bin ich draufgekommen, dass ich an meinem Schicksal jederzeit etwas ändern kann. Danke, Fred.‹«

Ich bin fasziniert von dem, was Fred erzählt, und ziehe den Hut davor, wie er mit seiner Lebenssituation umgeht.

Mehr Ausstrahlung mit der WWW-Methode

Was wollen Sie?
Ausstrahlung?

Warum?
Weil Sie gemocht werden wollen?

Wie?
- Menschen mit Ausstrahlung richten den Fokus auf etwas, das sie positiv berührt. Die Aufmerksamkeit kann mittels Fragen gelenkt werden. Zum Beispiel:
  - Wofür sind Sie dankbar im Leben?
    Ihre Augen, die Ihnen die Welt zeigen? Ihre Ohren, die Ihnen das Rauschen des Windes, das Vogelgezwitscher, das Lachen eines Kindes vermitteln? Die Haut, die Sie zärtliche Berührungen spüren lässt? Ihr Partner, der für Sie ein Geschenk Gottes ist? Usw. Schreiben Sie es auf.
- Menschen mit Ausstrahlung lächeln häufig, und zwar authentisch.

- Menschen mit Ausstrahlung haben Interesse an anderen Menschen. Sie fragen sich:
  - Was hat die Welt davon, dass es mich gibt? Sie haben eine Lebensvision.
  - Was habe ich zu geben auf der Welt?
  Alleine mit dem Wissen, dass sie etwas zu geben haben, strahlen sie mehr positive Energie nach außen als Menschen, die nur an ihren eigenen Vorteil denken.
- Menschen mit Ausstrahlung sind lösungsorientiert statt problemorientiert.
  - Wenn Sie ein Problem haben, analysieren Sie es und dann fragen Sie sich: *Was* genau will ich? Was kann ich tun, um das zu erreichen?
- Menschen mit Ausstrahlung mögen sich selbst.
- Menschen mit Ausstrahlung fühlen sich in ihrem Körper wohl.

15 Mehr Überzeugungskraft!

»Wenn du ein Schiff bauen willst, dann trommle nicht Männer zusammen, um Holz zu beschaffen, Aufgaben zu vergeben und die Arbeit einzuteilen, sondern lehre die Männer die Sehnsucht nach dem weiten, endlosen Meer.« (Antoine de Saint-Exupéry)

Aber Vorsicht: Überzeugen können Sie jemanden nur mit etwas, was ihn jetzt, und wenn es nur auf unbewusster Ebene ist, auch schon überzeugt.

Wenn jemand Angst vor Wasser hat und das große weite Meer nicht ansatzweise ein Reiz für ihn ist, dann müssen Sie sich etwas anderes einfallen lassen, um ihn zu überzeugen, ein Boot zu bauen. Fragen Sie diesen Menschen: Was ist dir wichtig? Woran glaubst du? Woran nicht?

Angenommen, ihm ist wichtig, die Familie zu ernähren: Dann könnten Sie das Boot als Möglichkeit verkaufen, damit fischen gehen zu können und so Nahrung zu beschaffen.

Bevor Sie jemanden für etwas einnehmen wollen, müssen Sie wissen, wie dieser Mensch tickt. Verstehen Sie erst den anderen, bevor Sie versuchen, selbst verstanden zu werden. Finden Sie heraus, ob das, was Sie »verkaufen« wollen, überhaupt für Ihre Zielperson relevant ist. Es braucht nicht jeder einen Fernseher, ein Auto, Zigaretten. Also sparen Sie sich vergebliche Liebesmüh'. Sie werden schwerlich einen Fernseher in den kolumbianischen Urwald verkaufen können, wo gar keine Stromleitungen hinführen.

Hören Sie den Menschen zu und erfragen Sie, was sie jetzt schon überzeugt. Denn nur damit können Sie den Hebel erwischen. Wenn jemand sagt, dass ihn gesunde Ernährung nicht interessiert, dann werden Sie ihm schwer biologische Nahrung verkaufen können mit dem Argument: Dann leben Sie gesünder.

Wenn Sie aber erfragen, dass diese Person ohne Sauerstoff den Mount Everest besteigen möchte, können Sie dieses Thema als Aufhänger benutzen, um für biologische Nahrung zu plädieren. Dieser Mensch will außergewöhnliche sportliche Leistung erbringen. Erfragen Sie, von was sich der Mensch bis dato ernährt hat: Cola, Wurstsemmeln usw.

Wecken Sie Gefühle! Verkaufen Sie Konsequenzen: negative, wenn die Person nicht kauft, positive, wenn sie kauft. Nach dem Prinzip der Werbung. Wenn ich von »verkaufen« spreche, meine ich »überzeugen«. Finden Sie den zentralen Punkt und dann bieten Sie die Lösung an.

»Du willst ohne Sauerstoff auf den Mount Everest? Das ist eine außergewöhnliche sportliche Leistung. Du ernährst dich von Cola und Wurstsemmeln? Das übersäuert deinen Körper. Hast du schon einmal unter dem Dunkelfeldmikroskop gesehen, was mit den roten Blutkörperchen passiert, wenn du übersäuert bist? Ich zeichne es dir auf. Sieh her. Die roten Blutkörperchen sind flach und ausgelaugt und kleben in Klumpen aneinander. Gesunde rote Blutkörperchen schwimmen frei und sehen aus wie runde, aufgeblasene Kugeln. Und weißt du, was die Aufgabe der roten Blutkörperchen ist? Sauerstoff zu transportieren. Du hast durch deine Ernährungsweise schlechte Blutwerte und dadurch kann dein Blut nur noch wenig Sauerstoff an sich binden. Der Körper schafft es gerade, deine wichtigsten Organe zu versorgen. Und du willst auf den Mount Everest klettern ohne Sauerstoffflasche? Hast du schon einmal von Lungenembolie gehört? Das ist eine plötzliche Atemnot, da zu wenig Sauerstoff im Hirn ist. Du kannst nicht mehr klar denken. Deine Knie werden schwach. Du musst alle Kraft aufwenden, um überhaupt auf den Beinen zu bleiben. Plötzlich spürst du ein Stechen in der Lunge.

Ein Aufstieg auf den Mount Everest ohne Flasche mit der Art und Weise, wie du dich jetzt ernährst? Unmöglich. Du kannst aber das Risiko, zu wenig Sauerstoff im Blut zu haben, enorm minimieren. Nämlich, indem du dein Blut schon sechs Monate vor der Tour mit biologischer Ernährung auf Vordermann bringst. Es bilden sich rote Blutkörperchen, die einzeln frei schwimmen und Platz genug haben, Sauerstoff an sich zu binden.«

Verbinden Sie logische mit emotionalen Gründen. Sie verkaufen keine Dinge, sondern gefühlsmäßige Zustände.

Machen Sie es real in den Köpfen der Menschen: Sie müssen es spüren, riechen, schmecken, sehen. Erzählen Sie Geschichten, in denen Sie beschreiben, wie es sich anfühlt, riecht, schmeckt, wenn die Person das »Produkt« nicht »kauft«, und wie es sich anfühlt, riecht, schmeckt, wenn die Person das »Produkt« »kauft«.

Stellen Sie solche Fragen, dass der Kunde das Gefühl hat, er besitzt das »Produkt« bereits, bevor er es gekauft hat. »Für wen wirst du Vorbild sein mit deiner sportlich außergewöhnlichen Leistung?« »Wen wirst du ernährungstechnisch in Zukunft automatisch mit beeinflussen?« »Wie wird sich dein restliches Leben dadurch verändern?«

Überlegen Sie sich Gegenargumente für die häufigsten Widerstände. »Ich kann mir biologische Ernährung nicht leisten.« Antworten Sie dann: »In Deutschlands Haushalten wurde eine Untersuchung durchgeführt, die genau das widerlegt. Nämlich aus einem Grund: Wenn du dich biologisch ernährst, konsumierst du weniger Fleisch. Für den Preis von einem Kilogramm Fleisch kannst du sieben Kilogramm Getreide kaufen. Und Naschereien wie Schokolade, Chips, und Cola fallen weg. Damit sparst du dir eine Menge Geld.«

Ein anderes Beispiel: Sie wollen Menschen von etwas überzeugen, das dem Allgemeinwohl dient. Sie wollen verhindern, dass gentechnisch manipuliertes Getreidesaatgut nach Europa importiert wird. Doch wie bringen Sie das rüber?

Dem Durchschnittsbürger ist es grundsätzlich egal, ob dieses Getreide nach Europa importiert wird, weil er die möglichen Konsequenzen nicht kennt. Überlegen Sie sich, was den Alltagsmenschen bewegt. Was ist ihm wichtig? Was beschäftigt ihn? Und was überzeugt ihn jetzt schon?

Schauen Sie sich den Trend der Zeit an. Was ist Menschen in der heutigen Zeit wichtig? Möglichst lange gesund sein, möglichst lange leben, selbstbestimmt leben, statt von außen gesteuert zu werden.

Also verwenden Sie diese Aufhänger. Zeigen Sie den Menschen Konsequenzen, wenn sie nicht an der Verhinderung der Einführung des gentechnisch manipulierten Saatguts mithelfen. Und erklären Sie die Vorteile davon, wenn Europa gentechnikfrei bleibt.

»Stellen Sie sich vor, ein amerikanischer Konzern hat alle Fäden in der Hand. Sie können Saatgut nur noch von dieser Firma kaufen. Den Preis bestimmt natürlich die Firma. Sie wissen, Sie brauchen Getreide auf Ihrem Speiseplan, um zu überleben. Die heimischen Pflanzen sind alle schon mit den manipulierten Pollen vermischt, das heißt, sie können nur einmal keimen und lassen sich anschließend nicht mehr vermehren. Sie sind abhängig von einer Firma, die das Nahrungsmonopol für sich beansprucht. Wenn der Konzern Krieg will, braucht er nur den Futterhahn abzudrehen. Wenn Sie nicht mitspielen, gibt es nichts zu essen. Wenn Sie aber brav mitmachen, gibt es eine Belohnung. Sind Sie ein Hund, der nur nach der Pfeife des Herrchens tanzt? Wenn Sie das nicht wollen, dann tun Sie bitte etwas gegen die Monopolisierung der Weltnahrung.

Stellen Sie sich vor, Europa ist der einzige Kontinent, auf dem noch natürliche Nahrung produziert wird. Alle anderen Kontinente sind gentechnisch verseucht. Angenommen, nach fünfzehn Jahren werden die Gesundheitsschäden, welche durch Gen-Nahrung entstehen, sichtbar. Dann ist Europa der heilige Kontinent, der die heimische Nahrung auf die anderen Kontinente verkaufen kann.«

Und eines möchte ich Ihnen noch mit auf den Weg geben: Versuchen Sie niemals, Menschen dazu zu manipulieren, etwas zu »kaufen«, was sie eigentlich gar nicht brauchen. Damit sägen Sie sich den Ast ab, auf dem Sie selbst sitzen.

Es gab bis vor einigen Jahren den Trend, mit NLP (Neurolinguistisches Programmieren) Menschen dazu zu bewegen, etwas zu konsumieren, was diese eigentlich gar nicht wollten. Es funktioniert. Die Menschen kaufen mit diesen Tricks wirklich. Doch das ist ein gemeines Spielchen. Sie verkaufen etwas, was der Konsument nicht braucht. Spätestens wenn dieser zu Hause über die Schwelle tritt, bemerkt er, dass er zum Beispiel das Nahrungsergänzungsmittel, das Sie ihm verkauft haben, überhaupt nicht wollte, weil er einen eigenen Garten hat und sich sowieso nur von heimischem Obst und Gemüse ernährt. Sie haben die Person kurzfristig überzeugt, doch wenn Ihnen nur daran liegt, etwas an den Mann zu bringen, ohne darauf zu achten, dass das »Produkt« auch für den Käufer einen wertvollen Nutzen hat, hält die Überzeugung nicht lange an. Wenn eine Person einen negativen Eindruck von Ihnen als Verkäufer hat, raten Sie, wie vielen anderen er im Schnitt davon erzählt?

Circa zwölf Leuten.

Wenn dieser Mensch allerdings begeistert von Ihnen ist, weil Sie genau den Nerv seines Wesens erwischt haben und mit Ihrem Produkt seinen »Schmerz« stillen konnten, dann erzählt er drei anderen Menschen davon.

Also achten Sie bitte darauf, dass, wenn Sie jemanden von etwas überzeugen wollen, das auch im Interesse des Überzeugten liegt.

»Verkaufen« bedeutet: Freundschaften zu schließen und dem anderen dabei zu helfen, das zu kriegen, was er braucht.

Überzeugen mit der WWW-Methode

Von *was* wollen Sie Ihr Gegenüber überzeugen? Dass die Person etwas kaufen soll? Dass die Person sich gegen etwas aussprechen soll? Zum Beispiel gegen den Bau eines Mobilfunkmasten neben einem Kindergarten?

Warum wollen Sie Ihr Gegenüber überzeugen? Merken Sie sich: »Verkaufen« bedeutet: Freundschaften schließen und dem anderen dabei zu helfen, das zu kriegen, was er braucht.

Wenn die Überzeugungsarbeit nur in Ihrem Interesse ist und Sie ihr Gegenüber nur als Geldquelle benutzen wollen, die Sie nach Strich und Faden anpumpen können, dann lassen Sie es bitte bleiben. Das ist unehrenhaft und fällt in Zukunft nur negativ auf Sie selbst zurück.

Wie überzeugen Sie?
Überzeugen Sie mit etwas, was die Person jetzt auch schon überzeugt. Fragen Sie nach.

Hören Sie zu. Verstehen Sie erst, bevor Sie versuchen, selbst verstanden zu werden.

»Verkaufen« Sie Konsequenzen, »verkaufen« Sie Gefühlszustände statt Dinge. Erzählen Sie, was die Person fühlen, hören, riechen, schmecken wird, wenn sie »kauft«, und schildern Sie in bunten Bildern die negativen Konsequenzen, wenn die Person nicht »kauft«.

Stellen Sie solche Fragen, dass der Käufer das Gefühl hat, er besitzt das Produkt bereits, bevor er es »gekauft« hat.

Überlegen Sie sich Gegenargumente für die häufigsten Widerstände.

16 Selbstbewusste Körpersprache

Das ganze Leben ist Kommunikation. 94 Prozent des Tages sind wir durchschnittlich mit anderen Menschen in Kontakt. Davon zu 53 Prozent von Angesicht zu Angesicht.

Weniger als ein Prozent der Menschen trainieren aber ihre Kommunikation. Kein Wunder also, dass sie dann nicht gut kommunizieren können.

Was gehört nun alles zur Kommunikation? Körpersprache, Stimmlage, Inhalt.

Wobei die Körpersprache 55 Prozent ausmacht, die Stimme 38 Prozent und der Inhalt lediglich 7 Prozent.

Meine Seminarteilnehmer bekunden bei diesem Thema dann meistens: »Wenn der Inhalt nur sieben Prozent ausmacht, dann brauche ich über das, was ich sage, sowieso nicht nachzudenken!«

Ich antworte dann: »Die Wirkung des Gesagten macht nicht null, sondern immerhin sieben Prozent aus.« Dennoch kann der Inhalt noch so gut sein; es nutzt alles nichts, wenn die Körpersprache und die Stimme nicht dazu passen. Stellen Sie sich vor, jemand möchte Ihnen ein Auto verkaufen. Er hat Fachwissen, erzählt Ihnen jedes technische Detail und schwärmt von diesem Auto, weil er es selber gefahren hat. Doch das ganze Szenario mit hängenden Schultern, leiser, monotoner Stimme und immer wieder gähnend. Wo bleibt da die sichtliche Begeisterung? Der Inhalt stimmt, aber der Körper und die Stimme spielen nicht mit.

Körpersprache wirkt deshalb so stark, weil Menschen und Affen Spiegelneuronen in ihren Hirnen haben. Ich erkläre Ihnen anhand eines Experiments, was genau damit gemeint ist: Zwei Affen sitzen sich gegenüber. Beide haben Elektroden am Kopf angebracht, um die Hirnströme zu messen. Ein Affe isst eine Banane, der andere sieht zu. Interessanterweise feuern bei beiden Affen dieselben Neuronen im Hirn. Das heißt, der Affe, der zusieht, frisst im Geiste auch eine Banane.

Wozu brauchen wir Spiegelneuronen?

Weil sich unser Gehirn mit Hilfe dieser ins Gegenüber einfühlen kann. So kann zum Beispiel Mitleid überhaupt erst entstehen. Mit dieser Einrichtung können wir intuitiv verstehen, wie uns andere Menschen gesonnen sind. Wenn jemand uns aggressiv gegenübertritt, merken wir, dass wir angreifen oder flüchten müssen. Unser Gehirn spürt also immer die Körperhaltung des Gegenübers nach, um zu wissen, woran es ist.

Wenn andere Menschen unbewusst so sehr auf die Körpersprache reagieren, macht es Sinn, sich mit diesem Thema auseinanderzusetzen. Selbstbewusste Körpersprache ist trainierbar. Ein Beispiel dazu:

Peter kommt zu mir in die Praxis. Ein hagerer junger Mann, um die fünfundzwanzig. Er trägt ausgeleierte Armyhosen und ein löchriges dunkelgrünes T-Shirt. Im Kontrast dazu wirkt sein Gesicht sehr bleich. Er schüttelt mir die Hand. Sie ist kalt und der Händedruck ist wenig kräftig.

»Hallo«, näselt er mit hoher Stimme und fixiert mich dabei mit seinen blassen, blauen Augen.

Er setzt sich zaghaft an den ihm zugewiesenen Platz.

»Ich möchte selbstbewusste Körpersprache lernen. Ich muss mehr Stärke zeigen, direkter werden! Geht das? Nur Körpersprache, kein Psychogequatsche«, sagt er mit leiser, wackeliger Stimme.

»Ja. Aber eines muss ich gleich vorwegnehmen. Die Veränderung der Körpersprache wird sich auch auf dein Befinden auswirken.«

»Inwiefern?«

Für die nächste Sitzung bitte ich ihn, frische Klamotten anzuziehen und auf seine körperliche Erscheinung zu achten.

»Der Geruch ist das Erste, was andere Menschen von einem

wahrnehmen. Bewusst oder unbewusst. Das gehört auch zur Körpersprache.«

Um Peter die Auswirkung der Körpersprache auf das Befinden zu demonstrieren, mache ich mit ihm eine Übung. Er soll auf seinem Stuhl sitzen bleiben, die Knie hüftbreit auseinanderstellen und dann seinen Oberkörper und die Arme nach vorne unten hängen. Und er soll sich dabei bemühen, sich so richtig gut zu fühlen. Schnell merkt Peter, dass das irgendwie nicht so richtig hinhaut. Ich bitte ihn also sich wieder aufzurichten, aufzustehen und seine Arme und sein Gesicht nach oben zu strecken und ganz tief durchzuatmen, während er breit lächeln soll. Und dabei soll er nun versuchen, sich richtig schlecht zu fühlen. Auch bei dieser Variante merkt Peter schnell, dass das nicht funktioniert.

»Du kannst dich wieder setzen. Genau das wollte ich dir mit dieser Übung zeigen. Du kannst dich nicht gut fühlen, wenn du deinen Körper nach unten hängen lässt, und du kannst dich nicht schlecht fühlen, wenn du lächelnd nach oben schaust. Deine Körpersprache wirkt sich auf dein Gefühl aus. Wenn du dich schlecht fühlen willst, dann lass den Kopf nach unten hängen, atme flach und lass deine Schultern und dein Gesicht hängen. Stellst du dich allerdings aufrecht hin, zauberst dir ein Lächeln ins Gesicht und atmest tief durch, dann geht es dir emotional besser. In Amerika gibt es eine Klinik für Depressive, wo die Klienten Halskrausen umgebunden bekommen, dass sie nicht mit hängendem Kopf herumspazieren können. Allein deshalb geht es den Leuten besser.«

Peter sieht mich fasziniert an.

»Du meintest am Anfang, du musst mehr Stärke zeigen, direkter werden. Warum?«

»Na ja, ich weiß es ehrlich gesagt nicht.«

»Peter, überlege dir bis nächstes Mal, warum du das willst, und dann reden wir weiter, in Ordnung?«

»Einverstanden.«

Als Peter das nächste Mal in die Praxis kommt, sieht er ganz anders aus: Er hat seine Haare geschnitten. Er trägt saubere Jeans, ein weißes Hemd und ein silbergraues Sakko.

Peter grinst verlegen: »Ich bin überrascht, wie anders die Menschen auf der Straße auf mich reagieren. Plötzlich habe ich das Gefühl, ernst genommen zu werden, wenn ich ein Geschäft betrete.«

»Gut, Peter, ich komme gleich zur Sache. Warum willst du mehr Stärke zeigen und direkter werden?«

»Weil ich akzeptiert werden will. Weil ich gesehen werden will. Weil ich ins Leben von anderen Menschen involviert sein will.«

»Vergiss es!«

»Was?«, fragt er mich erstaunt.

»Was du willst, ist aufgesetzte Stärke. Und darum geht's nicht. Und es geht auch nicht darum, jede deiner Regungen genau unter die Lupe zu nehmen und alles genau durchzuplanen, damit du stärker rüberkommst und direkter bist.«

»Um was geht es dann?«

»Lass das krampfhafte ›ich will Stärke zeigen‹ weg. Das Ganze ist ein Spiel. Es geht um *Selbstbewusstsein*. Einfach darum, dass du dir deiner selbst bewusst wirst und ausprobierst, wie unterschiedlich Personen auf dich reagieren, je nachdem, wie du deine Körpersprache einsetzt. Es geht nicht darum, jetzt nur noch den selbstbewussten Mann raushängen zu lassen. Es geht darum, dass du selber weißt, wie welche Körpersprache auf andere wirkt. Spiele bewusst damit!«

Ich erkläre Peter, wie die Körpersprache des Selbstbewusstseins funktioniert und wie man das üben kann: In den nächsten Coachingstunden wird Peter Szenen nachspielen, beispielsweise Verkaufssituationen, und er wird auch Präsentationen halten. Zu jeder dieser Übungen werde ich ihm dann ein Feedback zu seiner Körpersprache geben. Am Anfang, so meine Erfahrung, wird Peter das Gefühl haben, nicht er selbst zu sein, weil er eine Körpersprache spricht, die er nicht gewohnt ist. Aber im Lauf der Zeit wird sich das Gefühl seiner Körpersprache anpassen. Seine Mitmenschen werden dann anders auf ihn reagieren und seine selbstbewusste Körpersprache wird so zu einem festen Teil seiner Persönlichkeit. Er soll das Ganze weiterhin wie ein Spiel betrachten und einfach probieren, was funktioniert.

Zur Theorie der selbstbewussten Körpersprache: Es kommt dabei darauf an, dass die Energie im Körper fließen kann. Der Energiefluss muss also gegeben sein. Das strahlt dann auch auf andere Menschen über. Blockaden im Fluss nämlich spürt das Gegenüber durch seine Spiegelneuronen. Und deswegen verändert man, wenn man an der Körpersprache arbeitet, auch sein ganzes Selbst.

Um Peter das ganze an einem Beispiel zu demonstrieren, soll er sich vorstellen, dass er ein Kung-Fu-Kämpfer ist.

»Du bist der Kämpfer und stehst gerade vor deinem Angreifer. Du bekommst einen Schlag auf den Kopf. Wenn du in irgendeinem deiner Gelenke nicht im Lot bist, wird es brechen. Wenn die Hüfte nach hinten oder vorne geknickt ist, ist hier die Schwachstelle. Wenn der Brustkorb eingefallen ist, bekommst du erstens keine Luft und kannst dadurch nicht so gut denken, weil dein Hirn nicht ausreichend mit Sauerstoff versorgt wird, und zweitens ist dann hier die Schwachstelle, die bei einem Schlag brechen kann. Ist der Hals nach vorne geneigt, ist hier die Schwachstelle. Und du vermittelst unbewusst, dass du keinen Weitblick hast. Probier einmal, deinen Hals möglichst weit nach hinten zu drehen, während der Kopf eher nach vorne geneigt ist. Du wirst nicht weit kommen. Ist der Hals allerdings aufgerichtet, ist dein Radius viel weiter und das merkt dein Gegenüber unbewusst aufgrund der Spiegelneuronen. So strahlst du Weitblick und Stärke aus.«

»Ja, wenn ich das richtig verstanden habe, geht es darum, dass ich aufrecht stehe. Die Hüften in Mittelposition, aufrechte Brusthaltung, Schultern in Mittelposition, Kopf aufrecht?«

»Ja, genau. Körperhaltung so aufrecht wie möglich. Direkter Blickkontakt zu den Menschen und lächeln. Warum?«
»Wegen der Spiegelneuronen. So lächelt dein Gegenüber in seinem Hirn mit«, sagt Peter freudig.

Wenn Peter nun aufrecht steht und geht, soll er sich entspannen, damit die Energie fließen kann. Mit einer aufrechten Körperhaltung demonstriert er zudem, dass er keine Angst hat. Und nun gebe ich ihm noch einige Tipps mit auf den Weg: Beim Händedruck soll er weder zu fest noch zu kraftlos die Hand des Gegenübers drücken, denn nur ein mittelmäßig starker Händedruck vermittelt Selbstbewusstsein und Respekt. Durch die Beobachtung von Menschen, die Selbstbewusstsein ausstrahlen – beispielsweise Schauspieler, Politiker, gute Redner –, kann Peter noch viel lernen. Wie gehen diese Menschen? Wie stehen sie? Wie reden sie? In der ersten Zeit ist es gut, solche Menschen zu imitieren, bis Peter die selbstbewusste Körpersprache in Fleisch und Blut übergegangen ist und er mit der neuen Art, seinen Körper zu benutzen, ganz er selbst sein kann. Zudem hilft es, seinem Gegenüber immer wieder die Handflächen zu zeigen, denn damit schafft man Vertrauen und Peter zeigt damit auch, dass er nichts zu verbergen hat und selbstbewusst ist. Und noch einen Tipp habe ich für Peter: Im Kontakt mit anderen Menschen soll er Fragen stellen. Wer fragt, der führt.

Nun übe ich mit Peter in allen folgenden Sitzungen die aufrechte Körpersprache. Des Weiteren arbeiten wir an einer selbstbewussten Stimme. Diese ist ruhig, klar und laut genug, dass die anderen sie gut hören können. Nicht monoton, sondern mit Tempo- und Lautstärkenwechsel.

Peter war drei Monate lang, einmal wöchentlich, bei mir im Coaching. Als er bei mir angefangen hatte, arbeitete er, obwohl er Abitur hat, als Lagerarbeiter. Mittlerweile ist er Lagerleiter und sein Ziel ist es, Geschäftsführer zu werden. Selbstbewusstes Auftreten wird ihm dabei sehr hilfreich sein. Peter hat sich auch sonst innerhalb der drei Monate sehr verändert. Er ist viel extrovertierter, selbstsicherer und lebensbegeisterter geworden, als er es zu Beginn unserer Arbeit war.

Selbstbewusste Körpersprache mit der WWW-Methode

Was wollen Sie?
Selbstbewusste Körpersprache?

Warum ist selbstbewusste Körpersprache wichtig?
Das ganze Leben lang müssen Sie sich und ihre Fähigkeiten im Kontakt mit anderen Menschen »verkaufen«. Ob Sie nun auf Jobsuche sind und ihre Arbeitsleistung überzeugend verkaufen wollen oder ob Sie einen potentiellen Kunden oder gar Lebenspartner von sich überzeugen wollen. Überall im Leben ist es leichter, wenn Sie mit Ihrer Körpersprache umzugehen wissen. Und ein vorteilhafter Nebeneffekt: Sie finden zu sich selbst, weil Sie sich mit sich beschäftigen müssen.

Wie aber erreichen Sie selbstbewusste Körpersprache?
Beobachten Sie Menschen, wie Schauspieler, Politiker, Freunde von Ihnen, die selbstbewusst auftreten. Beobachten Sie: Wie steht dieser Mensch? Wie geht er? Wie redet er?

Spielen Sie mit verschiedenen Arten von Körpersprache. Wie reagieren andere Menschen darauf?

Mit der Zeit geht die Körpersprache des Selbstbewusstseins so in Fleisch und Blut über, dass Sie gar nicht mehr über Ihre Körperhaltung nachdenken müssen. Sie fühlen sich selbstbewusst und sind mit ihrer neuen Art, den Körper zu nutzen, ganz natürlich und authentisch.

17 Sie können Reden halten!

»Es war der 15. Januar 1989. (Pause) Ein regnerischer Tag. (Pause) Ich erinnere mich daran, als wenn es gestern gewesen wäre. (Pause) Der Tag, an dem mein Traum begann. (längere Pause)

Am 15. Januar 1989 habe ich meine erste Geschichte geschrieben. Schreiben hat mich mein Leben lang begleitet. Ob ich in Südamerika in den Anden war, auf einer Städtereise oder ob ich einfach eine Bergtour unternommen habe: Das Schreibheft war dabei. Immer. Damals, am 15. Januar 1989, wurde mein Traum geboren: Ich werde Schriftstellerin.

Zwanzig Jahre später schreibe ich das erste Buch. Mein Ziel: im ersten Jahr 10 000 Bücher verkaufen. Meine Freunde sagen: ›Das schaffst du nie!‹ Meine Freunde hatten recht. (Pause) Ich habe mein Ziel nicht erreicht. (lange Pause) Ich habe mein Buch im ersten Jahr (Pause) neun- (Pause und mit der Hand mittakten) hundert- (Pause und mit Hand mittakten) tausend Mal (Pause und mit Hand mittakten) verkauft. Das Buch ist ein Bestseller. In zwölf verschiedene Sprachen übersetzt.«

So könnte eine Rede beginnen.

Wollen Sie auch Reden halten, bei denen Menschen hinhören?

Warum wollen Sie das?

Wenn Sie genau wissen, *warum* Sie das wollen, sprechen Sie Ihre eigenen Gefühle an. Gefühle sind ansteckend. Egal, ob Sie Menschen informieren oder überzeugen wollen, bei den Zuhörern bleibt nur hängen, was eine Emotion in ihnen auslöst.

Wie aber gestalten Sie eine emotionale Rede?

Stellen Sie sich große Redner des 20. Jahrhunderts vor, wie Martin Luther King oder Nelson Mandela. Deren Präsenz wurde durch ihre Fähigkeit, freie Reden zu halten, noch enorm verstärkt. Folien oder andere Präsentationsformen haben diese beiden großen Männer nicht gebraucht.

Greifen deswegen auch Sie bei ihren Reden oder Präsentationen nur auf Hilfsmittel wie Powerpoint oder Folien zurück, wenn es wirklich notwendig ist – wenn Sie beispielsweise Statistiken oder einen Kurzfilm zeigen wollen. Ansonsten vertraue Sie auf das frei gesprochene Wort: Wenn nämlich der Zuhörer nur noch damit beschäftigt ist, die von oben bis unten vollgetexteten Folien zu lesen, bricht seine Aufmerksamkeit nach spätestens drei Folien weg und er fragt sich: »Mit was werden Sie uns heute wieder langweilen?« Dann ist die Aufmerksamkeit weg. Und das ist schade.

Wie aber schaffen Sie es, so zu unterhalten, dass Ihnen die Menschen an den Lippen kleben und es im Raum so still wird, dass Sie eine Stecknadel fallen hören könnten?

Erstens: Verzichten Sie – nach Möglichkeit – auf Powerpoint. Wenn Sie etwas darstellen wollen, benutzen Sie das gute alte Flipchart. Das zeigt Sie beim Entstehen ihres Aufschriebs und erzeugt Wirkung. Und wenn Sie auf Powerpoint und Beamer nicht verzichten können, dann benutzen Sie dieses Medium kreativ, so als gestalteten Sie Ihren Aufschrieb wie mit dem guten alten Flipchart.

Zweitens: Achten Sie auf Ihre Sprache.
Vermeiden Sie leere Worthülsen: Das sind Wörter, die keine Gefühle auslösen. Zum Beispiel: Kundenbindung, Wachstumsrate, Korrelation, Effektivität usw.
   Statt »um die *Effektivität* unserer Arbeit zu steigern ...« erzeugen Sie lieber konkrete Bilder im Zuhörer: »Wir haben zwölf Mitarbeiter in unserer Firma. Wir machen einen Jahresumsatz von 400.000 Euro (zeichnen Sie einen Balken aufs Flipchart). Um den Umsatz auf 600.000 Euro (einen weiteren Balken aufs Flipchart, der die Relation sichtbar macht) jährlich zu steigern, müssen wir ...«
   Vermeiden Sie »ääh, uuuund, ahh«.

Verwenden Sie direkte Rede. So erzeugen Sie lebhafte Bilder im Zuhörer.

Statt »er hat mich gekündigt« sagen Sie: »Ich komme ins Büro. Mein Chef schaut vom Schreibtisch auf. ›Lisa, setzen Sie sich bitte.‹ Er sieht mich mit Falten zwischen den Augenbrauen an. ›Sie sind gekündigt. Es tut mir leid. Wir haben keine Aufträge mehr.‹«

Drittens: Wann hören die Leute hin?
Einer der bekanntesten Rhetoriktrainer im deutschsprachigen Raum, Matthias Pöhm, bringt es in seinem Buch »Präsentieren Sie noch, oder faszinieren Sie schon?« auf den Punkt: Erzählen Sie spannende Geschichten.

Wie?
Wählen Sie die Aktivsprache.
Was ist damit gemeint? Gegenwart. Kurze Sätze. Direkte Rede. Erzeugen Sie Bilder im Zuhörer, so als würden Sie einem Blinden während des Fernsehens beschreiben wollen, was gerade im Bildschirm passiert.

Verwenden Sie Aktiv statt Passiv. Statt »der Sessel wurde umgeworfen«: »Mein Kollege warf den Sessel um.«

Sprechen Sie einmal lauter, einmal leiser, einmal schneller, einmal langsamer. Wenn Sie nämlich immer in derselben Stimmlage monotonisieren, schläft der Zuhörer ein.

Um die Wirkung des Gesagten noch zu steigern, haben Sie Mut zur Pause.

Und takten Sie mit der Hand bei wichtigen Ergebnissen mit.

Ich bringe Ihnen nun ein Beispiel für die Aktivsprache:
»Sie geht aus dem Haus. (Pause) Das erste Mal seit dem Unfall. (Pause) Die Straße ist leer. (Pause). Kein Auto. (Pause) Kein Mensch. (Pause). Plötzlich hört sie ein zischendes Geräusch. (Pause) Sie spürt einen Luftzug. (Pause) Sie schaut nach oben. Reflexartig springt sie drei Meter nach

links. (Pause) Es kracht. (Pause). Sie bricht zusammen. (Pause) Über ihr Stoff. (Pause). Sie hebt ihn an. Völlig außer Atem. Sie kriecht darunter hervor. Steht auf. Ein Paragleitschirm. »Mein Gott, da liegt ja jemand drunter.« (Pause) Sie hebt den Schirm. (Pause) Eine Hand. (Pause) Die Hand bewegt sich. (Pause) »Hallo! Alles okay?« Sie hört ein Wimmern.« Usw.

Sagen Sie, was Sie aus einer Situation gelernt haben:
»Eines habe ich gelernt im Leben: Die Grenzen deiner Welt werden durch die Grenzen deiner Gedanken bestimmt!«
Und dann erzählen Sie die Geschichte dazu.
Erzeugen Sie Spannung, wie im Krimi:
Nennen Sie ein Datum. Zum Beispiel: »Es war der 1. April 1986. Ich kann mich an den Tag erinnern, als wenn es gestern gewesen wäre ...« Da will der Zuhörer wissen, wie es weitergeht.

Oder sagen Sie: »Damals wusste ich noch nicht, was das für mich bedeuten würde ...«

So regen Sie das Unterbewusstsein der Menschen an und fesseln sie. Das Publikum will wissen, wie die Geschichte weitergeht. Kommen Sie nicht gleich zum zentralen Punkt. Leiten Sie die Geschichte in eine andere Richtung. Zum Beispiel mit: »Ich denke: Das schaffe ich nie!« Man darf nicht ahnen, wie die Geschichte ausgeht.

Die Leistung alleine überzeugt nicht. Sie müssen Schwierigkeiten einbauen.
Bringen Sie überzeugende Beispiele:
»Herr Xavier ist der bekannteste NLP-Trainer Deutschlands. Er ist seit fünfzehn Jahren mit seinen Seminaren am Markt. Er hat durchschnittlich fünfzig Seminartage (Referenzwert) pro Jahr. Ich bin seit 2,5 Jahren am Markt. Mein Ziel war, im ersten Jahr zwanzig Seminartage zu halten und in jedem Folgejahr etwa zwanzig Tage mehr. Im zweiten Jahr

vierzig, im dritten Jahr sechzig. Ich habe mein Ziel nicht erreicht. Tatsächlich gebucht bin ich im dritten Jahr für hundertvier Tage.«

Und seien Sie konkret: Wenn Sie Geldersparnis versprechen, sagen Sie genau dazu, wie viel die Menschen sparen.

»Angenommen, sie haben bis jetzt eine Packung Zigaretten pro Tag geraucht. Eine Packung kostet durchschnittlich 4 Euro. Wenn Sie aufhören, sparen Sie sich monatlich 120 Euro. Im Jahr sind das 1460 Euro. In zehn Jahren 14.600 Euro. Mit dem Geld können Sie sich alle zehn Jahre ein neues Auto kaufen.

Viertens: Fesselnder Einstieg.
Starten Sie mit einer fesselnden Geschichte in Aktivsprache oder starten Sie mit anonymem Reden.

»Sie ist noch ein Mädchen, als ihre Eltern sterben. Sie wächst im Waisenhaus auf. Mit sechzehn bricht sie dort aus. Hält sich mit Gelegenheitsjobs über Wasser ... Dieses Mädchen bin ich.«

Oder lassen Sie das Publikum aktiv werden: Fordern Sie Handzeichen.

»Wer hält sich für intelligenter als einen Affen? Hände hoch, bitte! 1999 hat Dr. Rachert ein Experiment mit Affen gemacht ...«

Oder zeigen Sie etwas vor: Sie haben ein Glas, Steine, Sand, Wasser. Halten das Glas ins Publikum. Leeren den Sand ins Glas, dann die Steine. Es passt nicht alles hinein. Dann leeren Sie zuerst die Steine und erst dann den Sand und schließlich das Wasser dazu. Siehe da, das Glas ist groß genug. Dann sind die Leute neugierig, was das soll, und fragen sich, wie es weitergeht.

»Die Steine stehen für die wichtigen, dringenden Dinge im Leben, der Sand für die unwichtigen, nicht dringenden Dinge. Wenn man zuerst die unwichtigen, nicht dringenden Dinge erledigt, schafft man die wichtigen, dringenden nicht mehr und man gerät in Stress ...«

Bringen Sie eine Statistik: »Der Durchschnittsamerikaner sieht sechs Stunden am Tag fern. Der Durchschnittseuropäer vier Stunden. Wenn wir nur zwei Stunden am Tag weniger fernsehen, haben wir wertvolle Zeit für Sport ...«
Bitte lassen Sie langweilige Einleitungsfloskeln weg. Sie begrüßen keine Leute mehr. Wenn Sie jemanden vergessen, hasst er Sie nur dafür.

Sie machen keine administrativen Anordnungen mehr wie: »Und hier zur Pausenordnung, die Toiletten sind draußen links, die Kleiderhaken ...« Usw.

Sich nicht selber vorstellen. Wenn es jemanden interessiert, wer Sie sind, wird er sich erkundigen. Und bitte keine Inhaltsangaben, über was Sie reden werden. »Herzlich willkommen. Der Mörder ist diesmal der Gärtner. Viel Spaß beim Zuhören.« Da geht die Spannung verloren.

Fünftens: Wie beenden Sie die Rede?
Bringen Sie die Zusammenfassung von dem, was Sie sagen wollten.

Sechstens: Die Wirkung mit der Körpersprache unterstreichen.
Stehen und gehen Sie aufrecht! Und bei wichtigen Punkten bleiben Sie mit beiden Beinen am Boden stehen und fixieren eine Person im Publikum, während Sie weitersprechen.

Siebtens: Die schnellste Methode, eine Rede zu entwickeln: Vergangenheit – Gegenwart – Zukunft.

Reden halten mit der WWW-Methode

Was wollen Sie?
Eine fesselnde, spannende Rede halten?

Warum?
Egal, was Sie rüberbringen wollen, es kommt beim Gegenüber nur wirklich an, wenn Sie dessen Gefühle anregen. Also fragen Sie sich, *warum* Sie die Zuhörer informieren oder überzeugen wollen. Nur wenn Sie selber in sich Gefühle auslösen, können Sie das auch in anderen.

Wie halten Sie nun eine spannende Rede?
Erstens: Verzichten Sie – nach Möglichkeit – auf Powerpoint. Warum? Stellen Sie sich die besten Redner unserer Zeit wie Nelson Mandela oder Barack Obama mit einem Powerpoint-Vortrag vor. Das Gesagte hätte keine Wirkung mehr.
Zweitens: Achten Sie auf Ihre Sprache. Vermeiden Sie leere Worthülsen. Vermeiden Sie »ääh, uuuund, ahh«. Verwenden Sie direkte Rede.
Drittens: Wann hören die Leute hin? Erzählen Sie spannende Geschichten in Aktivsprache. Das bedeutet: Präsens. Kurze Sätze. Direkte Rede. Erzeugen Sie Bilder im Zuhörer, wie wenn Sie einem Blinden während des Fernsehens beschreiben würden, was am Bildschirm gerade passiert. Benutzen Sie Aktiv statt Passiv. Sprechen Sie einmal lauter, einmal leiser, einmal schneller, einmal langsamer. Haben Sie Mut zur Pause! Takten Sie mit der Hand bei wichtigen Ergebnissen mit. Sagen Sie, was Sie aus einer Situation gelernt haben. Erzeugen Sie Spannung, wie im Krimi. Nennen Sie ein Datum. Oder sagen Sie: »Damals wusste ich noch nicht, was das für mich bedeuten würde …« Kommen Sie nicht gleich zu Ihrem zentralen

Punkt. Leiten Sie die Geschichte in eine andere Richtung. Mit: »Ich denke: Das schaffe ich nie!« Man darf nicht ahnen, wie die Geschichte ausgeht. Bringen Sie überzeugende Beispiele! Hängen Sie eine Vergleichsziffer daneben. Und seien Sie konkret: Wenn Sie Geldersparnis versprechen, sagen Sie genau dazu, wie viel.
Viertens: Fesselnder Einstieg. Starten Sie mit einer fesselnden Geschichte in Aktivsprache. Starten Sie mit anonymem Reden. Lassen Sie das Publikum aktiv werden. Zeigen Sie etwas vor. Bringen Sie eine Statistik. Bitte lassen Sie langweilige Einleitungsfloskeln weg.
Fünftens: Wie beenden Sie die Rede? Bringen Sie eine Zusammenfassung des Gesagten.
Sechstens: Die Wirkung der Rede mit der Körpersprache unterstreichen. Stehen und gehen Sie aufrecht. Und bei wichtigen Punkten bleiben Sie mit beiden Beinen am Boden stehen und fixieren eine Person im Publikum, während Sie weitersprechen.
Siebtens: Die schnellste Methode, eine Rede zu entwickeln: Vergangenheit – Gegenwart – Zukunft.

Eine Rede muss Ihnen selbst am meisten Spaß machen, sonst hat sie keine Wirkung!

Teil 5: Etwas wagen

18 Mit schlechten Karten gut spielen

Im Leben geht es nicht darum, gute Karten zu haben, sondern auch mit einem vermeintlich schlechten Blatt gut zu spielen! Was ist das Ziel im Leben? Glücklichsein.

Sie haben nur dieses eine Erdendasein. Also machen Sie was draus. Und Sie haben nun mal ein Spielblatt in der Hand. Ob es Ihnen gefällt oder nicht, Sie können es nicht mehr eintauschen.

In den 1950er Jahren in den USA geboren. Weiblich. Hautfarbe Schwarz. Tochter zweier minderjähriger Eltern. Als Kind von Verwandten sexuell missbraucht. Wie groß ist die Chance, dass dieser Menschen seelisch überlebt und dass er sein Potenzial entfalten kann? Denkbar gering.

Dennoch hat sie es geschafft: Oprah Winfrey, eine der bekanntesten Talkshowmoderatorinnen weltweit. Sie besticht vor allem durch ihr Einfühlungsvermögen und auch dadurch, dass sie in der Show auch über sich selbst erzählt. Über ihre Missbrauchserfahrung, darüber, wie viele Kilo sie trotz Diät wieder zugenommen hat, usw.

Oprah Winfrey hat es geschafft, trotz schwierigster Startbedingungen etwas aus ihrem Leben zu machen und andere Menschen damit zu inspirieren. Sie hilft Menschen, ihr Leben zu verändern.

Was ist mit Ihnen? Welche Startbedingungen haben Sie? Was machen Sie daraus?

Ein Junge wird ohne Arme und Hände geboren. Von Anfang an ist er ein fröhliches Kind. In der Pubertät erkennt der Jugendliche aber sehr deutlich, dass er denkbar anders ist als seine Mitgenossen, und verfällt in eine Depression. Doch bald findet er heraus, dass er an seinem Schicksal nichts ändern kann, und beschließt, das Beste daraus zu machen.

Nick Vujicic ist trotz, oder wegen seines Handicaps Motivationstrainer geworden und zeigt Menschen, wie man mit positiver Gedankenkraft sein Leben steuern kann.

Auf einer Skala von 1 bis 100, wenn 1 die schlechteste Startbedingung ist und 100 die allerbeste, wo stehen Sie auf dieser Skala? Wo würden Sie sich einordnen? Und was können Sie tun, um weiter nach oben zu rutschen?

Es liegt in Ihrer Hand, was Sie aus Ihrem Leben machen. Wenn Sie sich wegen Ihrer vermeintlich schlechten Karten dauernd selbst bemitleiden, bringt Sie das nicht weiter. Lernen Sie, trotz ungünstiger Bedingungen gut zu spielen.

Wie macht das Liu Wei aus China? Er ist als Kind beim Versteckspielen in eine Starkstromleitung geraten. Er verlor beide Arme. Trotzdem ist er einer der bekanntesten Klavierspieler der Welt. Er spielt mit seinen Zehen. Und lenkt so die Aufmerksamkeit auf die Hoffnung der Benachteiligten in seinem Land. Das macht Sinn!

Art Berg hatte 1983, mit einundzwanzig Jahren, einen Autounfall. Er brach sich das Genick. Seitdem ist er querschnittsgelähmt. Viele Monate lang ist er verzweifelt. Er findet keinen Sinn mehr in seinem Leben. Plötzlich erkennt er, dass er mit seiner Behinderung auf die Hilfe von anderen Menschen angewiesen ist und dass diese sicher lieber mit ihm Zeit verbrächten, wenn er gut gelaunt statt depressiv wäre. Ich habe Art Berg auf der Bühne gesehen. Er befuhr diese mit seinem Rollstuhl. Das Erste, was ich spürte, war Mitleid. Doch als er zu sprechen begann, erkannte ich, dass meine negativen Gefühle hier fehl am Platze waren. Art Berg ist auf die Erde gekommen, um andere Menschen zu inspirieren. Er hat das

Beste aus seiner Situation gemacht und auch ein Buch geschrieben: »The impossible just takes a little longer«. Dieses Buch hat mein Leben verändert! Sehr empfehlenswert!

Ina Wortmann hat erreicht, wovon viele Frauen träumen: Sie ist Fotomodel!
Mit achtundzwanzig hat sie einen Autounfall und ist querschnittsgelähmt. Ihre Modelkarriere beginnt nach dem Unfall. Sie recherchiert im Internet, wie Menschen mit Behinderung einen für sie passenden Job finden können. Und stößt auf eine Seite, auf der von einem Modelwettbewerb für Behinderte die Rede ist. Ihr Mann überzeugt sie davon, bei dem Wettbewerb mitzumachen. Heute ist sie Fotomodell. Mit ihrer Geschichte will sie Menschen Mut machen. Hut ab!

Dick Hoyt hat einen gelähmten Sohn. Mit ihm im Schlepptau hat er schon an einigen Ironmans (180,2 km Radfahren, 3,86 km Schwimmen, 42,19 km Laufen) und anderen Sportveranstaltungen teilgenommen. Sie bestreiten die Wettbewerbe gemeinsam. Abgesehen davon, dass er das für seinen Sohn macht, der sich gewünscht hatte, Sport zu treiben, möchte Dick Hoyt damit erreichen, dass Behinderte nicht isoliert, sondern in die Gesellschaft eingebunden werden. Wow!

Chris Gardner wird 1954 in den USA geboren und wächst mit seinen Geschwistern im Pflegeheim auf, während seine Mutter im Gefängnis ist. Später arbeitet er als Verkäufer von medizinischen Geräten, die er aber selten wirklich an den Mann bringt. Aufgrund einer finanziellen Krise lebt er über ein Jahr lang mit seinem kleinen Sohn in Obdachlosenheimen und manchmal in Toiletten der U-Bahnstationen. Ein Tag in seinem Leben markiert den Wendepunkt. Er sieht einen Mann, der aus seinem roten Ferrari aussteigt, geht zu ihm hin und fragt: »Darf ich Ihnen zwei Fragen stellen?« »Ja, natürlich.« »Was tun Sie? Und wie tun Sie es?« Bob Bridges antwortet:

»Ich bin Börsenmakler. Ich habe von einem unbezahlten Praktikum in einer Firma gehört, falls Sie Interesse haben.«

Chris Gardner lässt sich mit anderen Broker-Größen bekannt machen. Er beginnt mit dem Praktikum und lebt sich in die Broker-Welt ein. Heute ist er einer der bekanntesten Selfmade-Millionäre der USA. Er hat ein Buch geschrieben, welches auch verfilmt wurde: »Das Streben nach Glück«.

Er unterstützt Wohltätigkeitsorganisationen und hat in der Stadt, in der er obdachlos war, ein fünfzig Millionen teures Wohn- und Beschäftigungsprojekt für Arme und Obdachlose mit aufgebaut. In Chicago unterrichtet und berät er Obdachlose.

Chris Gardner ist einer der Menschen, der seinen Erfolg und sein Glück mit anderen teilt. Er hat nicht vergessen, woher er selber gekommen ist.

Und was macht man, wenn man eine fünfzigjährige Frau ist, die das erste Mal mit seinem Enkel in eine Disco geht und so begeistert vom Sound und Beat ist, dass man als DJ arbeiten möchte?

Man tut es einfach. Die mittlerweile über siebzigjährige Gisela ist unter dem Namen »Disco-Oma« bekannt und rockt die Clubs der jungen Leute.

Und was macht man, wenn man kein Wort Türkisch spricht und in einem türkischen Film mitspielen will?

Wilma Elles, eine deutsche Schauspielerin, hat es geschafft. Sie lernte die Textpassagen, ohne ein Wort Türkisch zu verstehen, auswendig und schickte ein Demoband ihrer Version in die Türkei. Es hat geklappt. Sie spielt derzeit in einer der bekanntesten Serien der Türkei mit. Mittlerweile kann sie auch schon ein bisschen Türkisch.

Tun Sie es einfach! Leben Sie Ihren Traum! Auch wenn er noch so unmöglich erscheint.

Lassen Sie sich inspirieren von anderen »verrückten« Menschen.

> **Mit Ihren Karten gut spielen, mit der WWW-Methode**
>
> *Was* wollen Sie im Leben?
> Ihr Bestes geben? Ihr Potenzial leben? Das tun, wofür Sie auf der Welt sind?
>
> *Warum*?
> Schreiben Sie bitte auf, warum Sie das wollen. Das regt Ihre Gefühle an und motiviert Sie zum Handeln.
>
> *Wie*?
> Es geht nicht darum, genau so zu sein wie jemand anderes. Es geht darum, mit Ihren eigenen Möglichkeiten das Beste aus Ihrem Leben zu machen. Vergleichen Sie sich nicht mit anderen, sondern mit sich selbst. Aber lernen Sie von anderen. Nämlich von Menschen, die nicht das beste Kartenblatt im Leben haben und trotzdem die Kunst entwickelt haben, gut zu spielen. Lassen Sie sich inspirieren. Lesen Sie Biografien. Fragen Sie andere Menschen, wie sie es schaffen, aus ihrer Lebenssituation das Beste zu machen und dabei glücklich zu sein.

19 Lust auf Abenteuer?

Wie wird Abenteuer definiert?

Abenteuer ist eine risikoreiche Unternehmung, welche sich (meist) stark vom Alltag unterscheidet.

Abenteuer ist ein Verlassen des gewohnten Umfeldes und des gewohnten sozialen Netzwerkes, um etwas (Riskantes) zu unternehmen, was interessant und faszinierend zu sein verspricht und bei dem der Ausgang ungewiss ist.

Ein Yoga-Kurs hat mit Abenteuer nichts zu tun. Eine durchorganisierte »Abenteuerreise« auch nicht. Wildwasserrafting, wo einen vier Männer ins Boot manövrieren, drin festbinden und nach Abschluss der Fahrt wieder herausheben, mit Reiseschutzversicherung inklusive Schmerzensgeld, ist alles andere als Abenteuer.

In einer in allen Lebenslagen abgesicherten Welt sucht der Mensch nach etwas Unsicherem, Spannendem, Riskantem.

Der Begriff »Abenteuer« ist zu einem Hype geworden. Alles Mögliche wird Ihnen als Abenteuer verkauft. Es gibt unzählige Bücher, die Ihnen versprechen, dass Sie mit kleinen, täglichen Freuden, wie Sightseeingtour durch die eigene Stadt oder Tanzkurs im nächstgelegenen Salsaclub, das Bedürfnis nach Abenteuer stillen können. Vergessen Sie das! Abenteuer ist Abenteuer! Und das wird Ihnen nicht auf dem Silbertablett serviert. Dafür müssen Sie etwas tun.

Hören Sie auf, nur zu konsumieren. Handeln Sie! Tun Sie etwas, das Ihrem Leben neue Leidenschaft, Begeisterung und Feuer einhaucht.

Jede Sekunde haben Sie die Chance, sich für etwas Neues zu entscheiden. Ihr Leben wird nach dem Erlebnis ganz anders verlaufen als bisher. Ihr Horizont wird viel weiter sein! Abenteuer ist nichts für Feiglinge. Sie brauchen Mut!

Clemens ist Barkeeper. Vollkommen überarbeitet, hat er überhaupt keine Zeit für seine Freundin. Sie verliebt sich in einen anderen und verlässt ihn. Mit dem Neuen übersiedelt sie nach Neuseeland. Er packt seine Sachen und fliegt nach Argentinien. Sein Plan: sechs Monate Auszeit.

In Cachi, einem kleinen Dorf im Norden Argentiniens, wo die Menschen angeblich immer lachen, komme ich nach achtstündiger Busfahrt an. Ich spaziere durch den kleinen Ort und scheine die einzige Touristin zu sein. Auf der einzigen Bank im Dorf, *meiner* Bank, sitzt aber schon jemand. Irgendwie wirkt er sympathisch, mit seinen braunen Haaren, der wettergegerbten Haut und den blauen Augen. Ich frage ihn auf Spanisch: »Darf ich mich neben dich setzen?« Er lächelt mich vergnügt an. »Ja, sicher.« Er antwortet mit einem sehr eigenartigen Akzent, der mich an Europa erinnert. »Bist du aus Deutschland?«

»Ja«, sagt er überrascht. Siehe da, tatsächlich habe ich den einzigen Touristen im ganzen Dorf gleich gefunden. Sehr untypisch für mich, da ich diese auf meinen Reisen eher meide, um mit den Einheimischen in Kontakt zu kommen und die Sprache zu lernen. Clemens erzählt mir, dass er seit einer Woche unterwegs ist und dass er Cachi mit dem nächsten Bus schon wieder verlassen will.

»Clemens, sieh mal den Berg dort drüben. Da möchte ich heute noch raufgehen. Ich weiß, du wolltest jetzt abfahren. Aber vielleicht magst du ja doch noch einen Tag bleiben und mich begleiten.« Lange brauche ich ihn nicht zu überreden. Wir bleiben insgesamt vier Tage in Cachi und besteigen sämtliche Berge in der Umgebung und knüpfen Kontakte zu den Einheimischen.

Clemens hatte vor, seiner Exfreundin nach Neuseeland nachzureisen, und fragt: »Was hältst du von der Idee?«

»Clemens, ich will mich ja nicht in dein Privatleben einmischen. Aber vergiss die Frau erst mal. Leb mal dein Leben. Dann bist du auch fürs andere Geschlecht wieder interessanter. Du bist jetzt in Südamerika! Hier gibt es so viel anzuschauen. Warum ziehst du nicht einfach hier von einem Land zum nächsten? Da gibt es sicher genug Spannendes zu entdecken. Und vor allem kannst du dich selbst wiederfinden!«

Ich erzähle Clemens, dass ich seit vier Monaten auf Reisen bin und bisher in Chile und Argentinien war – nun möchte ich weiter nach Peru. Wo ich danach hingehe, weiß ich noch nicht. Und wie lange ich bleibe, weiß ich auch noch nicht. Ich habe noch keinen Rückflug.

Clemens orakelt, dass wir uns irgendwo auf unserer Reise noch mal treffen könnten. Nach vier Tagen verabschieden wir uns voneinander und jeder geht seiner Wege. Clemens hat beschlossen, seiner Ex nicht nachzureisen.

Nach zwei Monaten schickt er mir eine E-Mail: »Ina, wo bist du gerade? Ich bin in Costa Rica. In der Hauptstadt.«

Ich falle aus allen Wolken, als ich die E-Mail lese, weil ich auch gerade dort bin: »Ich schlage vor, wir treffen uns heute Abend. Ich bin nämlich auch hier.«

Tatsächlich kommt er zum vereinbarten Treffpunkt. Seine Haare sind gewachsen. Er sieht viel entspannter aus als noch vor ein paar Monaten. »Ina, mir geht's richtig gut. Du kannst dir gar nicht vorstellen, was ich in der Zwischenzeit alles erlebt habe.«

»Ich kann es gar nicht erwarten, bis du es mir erzählst!«

Wir setzen uns gemütlich in ein Lokal, bestellen eine Pizza und Clemens beginnt zu reden: »Ich komme gerade aus Kolumbien! Mit dem Segelschiff.«

»Was? Bist du verrückt? Mit wem warst du unterwegs?« Ich bin überrascht.

»Mit einem Kolumbianer. Er hat Kaffee von Kolumbien nach Panama geschifft und mich gefragt, ob ich mitfahren wolle.«

»Wo hast du ihn kennengelernt?«

»In einem kleinen Dorf im Norden Kolumbiens.«

»Und wie lange kanntest du den Mann, bevor du mit ihm aufs Schiff gingst?«

»Ein paar Stunden. Wir hatten uns am Nachmittag am Hafen kennengelernt. Ich habe ihm geholfen, die Fische vom Boot zu nehmen. Und dann habe ich ihn zum Essen eingeladen. So kamen wir ins Gespräch. Und am Abend bin ich mit ihm los.«

Ich schüttle den Kopf: »Du bist echt verrückt!« Ich bin auch etwas neidisch, weil ich als Frau nicht alleine mit einem unbekannten Mann sechs Wochen aufs Schiff steigen würde. Das ist schon für Männer nicht ganz ungefährlich. Clemens und ich unterhalten uns bis zum Morgengrauen. Als uns fast die Augen zufallen, verabschieden wir uns voneinander. Er verspricht, mich zu meinem Geburtstag im April in Wien zu besuchen.

Er ist tatsächlich gekommen.

Wie Sie sehen: Abenteuer hat nichts mit Bequemlichkeit und vorprogrammiertem Ablauf zu tun.

Verstehen Sie mich nicht falsch: Bequemlichkeit und Planung sind super. Ich möchte auch das in meinem Leben nicht missen. Nur, wenn Sie nach Abenteuer suchen, müssen Sie aus der Komfort-Zone raus, rein ins wilde Leben.

Gregory beschließt mit achtundzwanzig, als er sein Medizinstudium abgeschlossen hat, nach Kalkutta in den Slum zu gehen, um dort bei der medizinischen Versorgung zu helfen. Als er zurückkommt, ist er vollkommen verändert. »Ina, du bist sicher in deinem Leben schon irgendwo an Slums vorbeigefahren.« Ich nicke: »Ja, in Kapstadt.«

»Weißt du, drin zu leben ist etwas ganz anderes. Da spürst du, was es heißt, zusammenzuhalten. Diese von der Gesellschaft ausgeschlossenen Menschen haben nichts anderes als ihre gegenseitige Unterstützung. Sie müssen sich gegenseitig helfen. Wenn es im Slum brennt, dann laufen alle zusammen und retten, was zu retten ist. Helfen sich aus den Flammen. Löschen den Brand. Wenn eine Epidemie ausbricht, hilft jeder mit, die Kranken zu heilen. Sie müssen zusammenhalten. Alleine überlebt dort niemand. Und ich war mittendrin. Jeder, der krank war, kam zu mir. Ich organisierte Medikamente und unterstützte, wo ich konnte. Und die Leute sind so dankbar. Wenn du in Schwierigkeiten bist, helfen alle zusammen, dich zu unterstützen.«

Sie müssen ja nicht gleich als Doktor in einen Slum ziehen, um das wahre Leben zu spüren. Es geht auch etwas weniger extrem.

Clarissa und Julian packen ihr Zelt und ihre Rucksäcke und wandern sechs Wochen quer über die Alpen. »Da bist du einfach nur in der Natur. Warum in die Ferne schweifen, wenn das Gute doch so nah!« Julian lächelt mich an. »Ich war kurz vorm Burnout, weil ich ja als Sterbebegleiter arbeite. Und ich sag dir, auf dieser Reise habe ich mich mal wieder richtig gespürt. So muss es unseren Vorfahren ungefähr ergangen sein. Einfach von Ort zu Ort ziehen. Und sich von dem ernähren, was man unterwegs findet. Früchte, Beeren, ...«

Jonny lerne ich in Südamerika kennen. Auf einer Straßenkreuzung. Nachdem ich drei Wochen in der peruanischen Hauptstadt Lima nur mit Einheimischen unterwegs war, sehnte ich mich wieder nach einem Gespräch mit einem Touristen. An der Kreuzung stehend, fällt er mir auf. Er hat so etwas Ruhiges, Ausgeglichenes an sich. »Was der wohl für ein Leben führt?«, frage ich mich. Er sieht mich an. Lächelt. »Hallo!« Wir gehen einen Kaffee trinken und relativ schnell sprechen wir über sein Leben, das mich sehr interessiert.

Jonny war insgesamt ein Jahr unterwegs in Südamerika. Heute ist sein letzter Tag, am nächsten Morgen geht sein Flieger. Er ist Amerikaner und Profifußballer. In seiner Auszeit ist er in Ecuador und Peru von einem kleinen Dorf ins nächste gereist, immer mit dem Fußball unter dem Arm, und hat den Jugendlichen das Kicken beigebracht. Zudem hat er noch jeweils einen Erwachsenen als Coach ausgebildet, sodass das Training auch nach seiner Abreise weitergeht. Den Ball hat er übrigens immer verschenkt.

»Warum hast du das gemacht?«, frage ich ihn.

»Weil es Sinn macht. Die lachenden Gesichter der Kinder und die Freude in deren Herzen, die ich hinterlassen konnte, das befriedigte mich zutiefst. Allein dieses Jahr hat meinem ganzen Leben Sinn verliehen.«

Abenteuer, das auch noch anderen Menschen Freude macht, ist doppelt erfüllend.

Ob Sie jetzt mit einem Jeep durch Südafrika fahren, von einem Einheimischendorf zum nächsten, und an deren festlichen Rituale teilnehmen, oder ob Sie sich ein Zelt schnappen, zwei Monate an die australische Küste gehen, um dort dem Windsurfen zu frönen: Es geht darum, dass es ein Abenteuer ist, mit dem Sie sich identifizieren können.

Lesen Sie Abenteuerbücher, fragen Sie Menschen, wie sie leben. Fragen Sie nach deren Abenteuern und lassen Sie sich inspirieren.

Vor einer Woche habe ich ein Ehepaar kennengelernt, das mit seiner fünfjährigen Tochter einen einjährigen Segeltörn in der Karibik unternommen hat. Windsurfmaterial war an Bord. Immer wenn irgendwo genug Wind zum Surfen war, haben sie dieses auch genutzt. Die kleine Tochter durfte sogar manchmal mit Papa aufs Board, wenn der Wind nicht zu stark war.

Eine Freundin von mir hat, bevor der Tourismus Nepal überrannt hat, alleine eine Anapurna-Umrundung gemacht. Sie kam geläutert zurück. Sie hatte den Buddhismus und die innere Ruhe entdeckt. Sie arbeitet jetzt wieder in Österreich als

Psychotherapeutin, lässt allerdings ihre buddhistischen Weisheiten in die Arbeit einfließen, was der Entwicklung der Patienten eine besondere Qualität verleiht.

Mehr Abenteuer mit der WWW-Methode

Was wollen Sie?
Mehr Abenteuer in Ihr Leben bringen?
Ein Abenteuer ist eine risikoreiche Unternehmung, welche sich (meist) stark vom Alltag unterscheidet. Das ist nicht jedermanns Sache.
Wollen Sie das wirklich?

Warum?
Ist Ihnen langweilig im Leben vor lauter Sicherheit? Brauchen Sie mal einen Kick? Sind Sie drauf gekommen, dass Ihnen Alkohol und das Fernsehen auch nicht das geben, wonach Sie sich in Ihrem tiefsten Inneren sehnen? Nämlich Feuer, Leidenschaft, Spaß und eine Portion Verrücktheit?

Wie aber kommen Sie zu mehr Abenteuer?
Lassen Sie sich von Menschen inspirieren, die Abenteuer leben. Kletterer, Windsurfer, Reisende usw. Fragen Sie, wie diese Leute leben. Wie sie denken, fühlen, was ihnen wichtig ist im Leben und wie sie ihre Abenteuer umsetzen. Sie spüren instinktiv, welche Art von Unternehmung Sie persönlich anspricht. Und dann raffen Sie sich auf und leben Sie Ihr Abenteuerleben!

20 Der Ausweg aus der Erfolglosigkeit

Sie haben die **WWW-Erfolgsmethode** schon mindestens einmal im Leben angewandt: Denn wir alle haben aufrecht gehen gelernt.

Wir wussten instinktiv, wir wollen uns so fortbewegen wie die Erwachsenen. Das geht schneller und schürft vor allem die Knie nicht auf. Und wir wollten zu den Erwachsenen gehören, was mit dem aufrechten Gang vermeintlich möglich schien. Wir haben beobachtet, wie unsere Vorbilder es machen, und es dann selber probiert. Immer und immer wieder. Wir sind tausend Mal hingefallen und haben nicht gesagt: »Ich schaff das nicht! Gehen werde ich nie lernen.«

Im Gegenteil. Wir haben weitergemacht. Beobachtet. Sind selber aufgestanden und umgefallen. Wieder aufgestanden. Umgefallen. Haben noch einmal zugeschaut. Sind wieder aufgestanden und einen Schritt gegangen. Dennoch umgefallen. Haben wieder beobachtet. Bis wir das Gehen erlernt hatten.

Evolutionär gesehen hat es einen Sinn, dass wir nicht reden können, bevor wir gehen lernen. Wir würden uns den aufrechten Gang gegenseitig ausreden. »Mein Gott, jetzt hast du es schon drei Mal probiert und kannst es immer noch nicht. Versager. Lass es einfach bleiben!«

Nein, wir haben einfach gehandelt, beobachtet, gelernt und wieder gehandelt, bis es geklappt hat.

Früher, als die Leute zu mir ins Coaching kamen, wusste der Großteil nicht, *was* genau beim Coaching herauskommen sollte. Der Kunde wusste, was er nicht wollte, aber nicht, was das Endresultat sein sollte.

Stellen Sie sich vor, Sie setzen sich ins Auto und fahren los. Wenn Sie nicht wissen, wohin Sie wollen, werden Sie irgendwo ankommen. Die Frage ist, ob es der Ort ist, den Sie wollen.

Viele Menschen leben so. Sie setzen sich in den Zug des Lebens, ohne zu wissen, wo es hingehen soll. Das ist schön und gut, wenn Sie für Überraschungen offen sind. Wenn Sie allerdings herumschauen und dann neidisch sind, dass andere dies und das haben und tun, und Sie sind unzufrieden, weil Sie das nicht auch haben und tun können, dann wird es Zeit, sich zu überlegen, *was* genau Sie wollen.

Ich habe in meinen Coachings eine Neuerung eingeführt. Jetzt lasse ich meine Kunden vorab ausfüllen, *was* genau sie sich als Endresultat unserer Arbeit erwarten.

Zum Beispiel: »Ich bin Sportler«, das heißt konkret, dass ich einen Marathon unter vier Stunden laufe.

Oder: »Ich kann Reden halten«, konkret: Es macht mir Spaß, vor Leuten zu reden. Am Lachen der Leute, am Applaus und an den Rückfragen erkenne ich, dass es den Zuhörern Spaß macht, mir zuzuhören. Oder »ich ernähre mich gesund« bedeutet konkret, ich esse zu neunzig Prozent natürliche Nahrung. Oder: »Ich weiß für mich, was mein Vermächtnis hier auf der Welt ist« usw.

Gut, nun wissen Sie, *was* Sie wollen. Das Nächste, was ich meine Kunden noch vorab am Fragebogen ausfüllen lasse, ist, **warum** sie dieses und jenes wollen. Und wenn das *Warum* nicht groß genug ist, bitte ich Sie, mir diese Frage erneut zu beantworten, aber etwas emotionaler und so, dass ich auch glaube, dass sie wirklich motiviert sind und Eigeninitiative ergreifen werden, um etwas zu ändern.

Wenn ein Klient es nicht für wichtig genug erachtet, sich über das *Warum* Gedanken zu machen, und dieses meiner Meinung nach nicht groß genug ist, nehme ich den Coaching-Auftrag nicht an.

Warum ist die Frage nach dem *Warum* so wichtig?
Wenn Sie nicht wissen, *warum* Sie etwas ändern wollen, dann haben Sie keine Motivation.

Das fehlende *Warum* ist der Hauptgrund, warum Menschen es zum Beispiel nicht schaffen, mit dem Rauchen aufzuhören, abzunehmen oder ein anderes Ziel zu erreichen.

Wenn das *Warum* lediglich daraus besteht, »weil es der Arzt gesagt hat«, ist von einer echten Änderungsmotivation wenig zu spüren.

Nun frage ich Sie:

Bei was im Leben waren Sie so richtig motiviert? Denken Sie nach und schreiben Sie es auf!

Und jetzt fragen Sie sich, *warum* wollten Sie das unbedingt? Schreiben Sie auch das auf.

Der Mechanismus, nach dem wir Menschen funktionieren, ist ganz einfach:

Wir Streben nach Lust und versuchen, Schmerz zu vermeiden. Wobei mehr Anstrengung darauf verwendet wird, Schmerz zu vermeiden, was logisch ist, weil der Körper reflexartig darauf getrimmt ist, sein Überleben zu sichern. Deshalb funktionieren zum Beispiel Hungerkuren nicht dauerhaft. Sie sind mit Schmerz verbunden. Der Körper will reflexartig das Verhungern verhindern und setzt alles daran, das nicht eintreffen zu lassen.

Bei jeder Entscheidung, die Sie innerlich treffen, fragen Sie sich unbewusst: Was bedeutet diese Entscheidung für mich? Wenn ich sie treffe, werde ich dann mehr Schmerz oder mehr Lust erleben?

Am besten funktioniert Motivation, wenn Sie mit dem Nicht-Treffen der Entscheidung großen Schmerz assoziieren und mit dem Treffen der Entscheidung große Lust.

Angenommen, Sie treffen die Entscheidung, abzunehmen, und verbinden mit dem Hungern Schmerz und relativ wenig Lust, dann wird die Motivation nicht sehr groß sein.

Wenn Sie sich allerdings fragen: Angenommen, ich ernähre mich weiter so wie bisher und mache weiter keinen Sport, wie geht es mir dann in fünf Jahren? Wie fühle ich mich dann? Gesünder oder weniger gesund als heute? Was sagen Leute zu mir, wenn sie mich sehen? Sehe ich besser oder schlechter aus als heute? Was mache ich beruflich? Was privat? Welche Hobbys habe ich? Welche Freunde? Welche Menschen habe ich um mich? Welche Menschen habe ich möglicherweise schon verloren? Wer ist nicht mehr bei mir? Wie geht es mir in zehn Jahren? Wie fühle ich mich? Usw. In zwanzig Jahren? Wie geht es mir? Usw.

Und nun verstärken Sie das Gefühl noch. Zehn Mal, zwanzig Mal stärker. Wie geht es Ihnen? Fühlen Sie richtig in sich hinein.

So haben Sie in sich Schmerz erzeugt, wenn Sie die Entscheidung nicht treffen und so weitermachen wie bisher. Das heißt, der Schmerz, von dem Sie ja instinktiv wegwollen, ist da, wenn Sie nichts ändern. Das ist schon mal die Basis für Motivation.

Dann erzeugen Sie ein gutes Gefühl, wenn Sie die Entscheidung durchziehen. So haben Sie den größtmöglichen Motivationsfaktor: Schmerz, wenn Sie die Entscheidung nicht treffen, und Freude, wenn Sie sie durchziehen.

Stellen Sie sich nun vor, Sie ernähren sich ab jetzt gesund und treiben Sport. Wie geht es Ihnen in fünf Jahren? Wie fühlen Sie sich? Besser oder schlechter als heute? Was sehen Sie, wenn Sie in den Spiegel schauen? Gefallen Sie sich besser oder schlechter als heute? Was sagen andere Menschen zu Ihnen, wenn sie Sie sehen? Welche Menschen haben Sie um sich? Was machen Sie beruflich?

In zehn Jahren, wie geht es Ihnen da? Usw.

In zwanzig Jahren, angenommen, Sie haben die Entscheidung, sich gesund zu ernähren und Sport zu treiben, getroffen, wie geht es Ihnen? Usw.

Verstärken Sie das Gefühl noch fünf Mal. Zehn Mal. Zwanzig Mal. Sie müssen es richtig in sich spüren.

Nur trocken mit dem Kopf vor sich hinzusagen: »Wie fühle ich mich? Gut. Besser als heute. Ich sehe gut aus.« – Solche Antworten bringen rein gar nichts. Sie müssen jede

Frage in sich spüren, so, als wenn die Situation schon real wäre. Das ist die Basis jeder Motivation.

Jede Entscheidung wird aufgrund eines Gefühls getroffen. Wenn ich sage »jede«, dann meine ich auch »jede«.

Meine Seminarteilnehmer bringen dann immer mindestens ein Beispiel, in dem sie behaupten, dass diese Entscheidung sicher nicht aufgrund eines Gefühls getroffen wurde. Zum Beispiel sagte unlängst ein Teilnehmer: »Ina, das ist Blödsinn. Wir produzieren Pressspannplatten für Kästen und die sind genau sieben Millimeter dick, nicht mehr und nicht weniger. Und diese Dicke wurde genau berechnet.«

»Wer hat das berechnet? Aufgrund von was?«

»Einer unserer Mitarbeiter! Das ist die Dicke, die dann genau in die gefertigten Kästen passt.«

»Und wieso genau 7 Millimeter und nicht 6,5 oder 7,5? Nach welchen Kriterien hat er das entschieden?«

»Ja, wohl nach Gefühl.«

Sie brauchen nur lange genug in die Tiefe zu fragen. Irgendwo ganz unten liegt eine Gefühlsentscheidung. Auch wissenschaftlich wurde nachgewiesen, dass jeder Entscheidung eine Regung in der Amygdala, das ist ein Teil unseres Stammhirns, vorausgeht. Und die Amygdala ist für Gefühle zuständig.

Auch Werbung funktioniert nach dem Prinzip, Ihre Gefühle anzusprechen. Sie erzeugt entweder einfach ein positives Gefühl, wenn Sie das Produkt erwerben. Oder zuerst einen Schmerz ihn Ihnen, eine Leidenssituation mit bestimmten Bildern, und plötzlich kommt dann die Lösung: ein positives Gefühl, wenn Sie das Produkt kaufen.

Ein Beispiel: Ein Paar fährt in die Flitterwochen nach Spanien.

Weißer Sandstrand, Sonnenschein, türkisblaues Meer. Als sie an ihrem ersten Urlaubstag nach einem wunderschönen romantischen Badetag zurück zu ihrem Auto kommen, sind die Koffer aus dem Auto verschwunden. Außer ihrer Geldbörse und den Sachen, die sie mit am Strand hatten, haben sie nichts mehr bei sich.

Bei den Fernsehzuschauern fühlt sich nun jeder angesprochen, der Angst hat, ihm könnte auch etwas gestohlen werden. Schmerz und Wut entstehen im Beobachter. Im Werbeclip findet sich schnell eine Lösung: Der Mann zückt plötzlich seine Brieftasche und mit fulminanter Musik untermauert präsentiert sich die Wende. Er zieht aus seinem Portemonnaie die goldene Mastercard. »Wenn Sie die Goldene haben, sind Sie gut versichert!«

Um den Schmerz des Verlusts zu vermeiden, legt sich der Zuschauer nun lieber eine Mastercard zu, anstatt mit der Angst zu leben, dass ihm im nächsten Urlaub etwas unwiederbringlich gestohlen wird.

Nutzen Sie bei sich selbst auch das Prinzip der Werbung, wenn Sie sich zu etwas motivieren wollen. Noch einmal: Entscheidungen werden aufgrund eines Gefühls getroffen. Erzeugen Sie emotionalen Schmerz in sich, wenn Sie zum Beispiel nicht mit dem Rauchen aufhören, und Freude in sich, wenn Sie nun Sportler sind und mit voll aktiver Lunge mit dem Fahrrad die Großglockner-Hochalpenstraße raufradeln können.

Gut, jetzt sind Sie motiviert. Aber *wie* erreichen Sie nun das Gewünschte? Wie specken Sie ab und werden zum Marathonläufer? Wie werden Sie zum vom Publikum bejubelten Vortragsredner? Wie schaffen Sie es, herauszufinden, welches Ihr Vermächtnis auf dieser Welt ist?

Ich frage meine Klienten immer (nachdem ich weiß, *was* sie wollen und *warum*): »Was haben Sie schon alles getan, um das Problem zu lösen?«

»Alles. Ich habe wirklich alles probiert.«

»Was genau?« Angenommen, das Ziel ist, schlank zu sein.

»Alle Kohlehydrate weggelassen. Dann habe ich einen Monat gar kein Fett gegessen. Dann habe ich überhaupt nur noch Tee getrunken. Aber ehrlich gesagt, ein paar Wochen nach der Kur zeigt die Waage immer mehr Kilo an, als bevor ich mit der Diät angefangen habe.« Meine nächste Frage ist dann immer: »Kennst du jemanden, der genau das, was du willst, mit der Methode, die für dich gefühlsmäßig passt, erreicht hat und den du auch genau gefragt hast, wie er das gemacht hat?«

»Nein.«

Und genau das ist der Punkt. Menschen denken nur an sich. Wir leben aber in einem sozialen Umfeld. Und egal, was Sie erreichen wollen, es gibt meistens zumindest eine Person, die schon erreicht hat, was Sie anstreben.

Bitte fragen Sie die Menschen: »Wie hast du das genau gemacht?« Nutzen Sie die Lernerfahrungen anderer.

Wenn Sie mit irgendetwas erfolgreich sein möchten, suchen Sie sich mindestens fünf Personen, die es zum Beispiel geschafft haben, von hundert Kilogramm abzunehmen und jetzt schlank zu sein. Dauerhaft. Oder Sie suchen fünf Menschen, die es geschafft haben, in einem Jahr 100.000 Euro netto zu verdienen. Forschen Sie, fragen Sie, beschäftigen Sie sich mit dem Thema. Und wenn Sie Ihr Vorbild nicht persönlich kennen, suchen Sie im Internet, was Sie über Ihren Artgenossen finden können, oder sehen Sie nach, ob diese Person eine Biografie veröffentlicht hat, in der dieses Thema vorkommt. Dann suchen Sie den gemeinsamen Nenner bei den von Ihnen untersuchten Leuten und machen es einfach genauso.

Das habe ich bei all den Themen, die in diesem Buch vorkommen, gemacht: Ich habe mir Menschen gesucht, die dieses entsprechende Thema erfolgreich gelöst haben. Dann suchte ich den gemeinsamen Nenner und habe diesen in die einzelnen Kapitel verpackt.

Ich habe immer darauf geachtet, Vorbilder zu suchen, die etwas unkonventioneller und tiefgründiger an die einzelnen Themen herangegangen sind, denn das entspricht auch meinem eigenen Wesen. Zum Beispiel habe ich beobachtet, dass sämtliche Abnehmmethoden mit dem Fokus aufs Körpergewicht nur selten dauerhaft funktionieren. So habe ich mir Modelle gesucht, die es auf andere Weise geschafft haben, dauerhaft schlank zu sein. Menschen, die auf dem Weg dorthin ein Stück näher zu Ihrem wahren Kern und zu Ihrem Lebensweg gefunden haben. Dann hat der Weg einen tieferen Sinn und es geht nicht nur um das oberflächliche Abnehmen.

Erfolgreich sein mit etwas soll ja ein »*Mit*-sich-Arbeiten« sein und Spaß machen und nicht ein Krampf und ein »*Gegen*-sich-Arbeiten«. Dale Carnegie sagt: »You'll never achieve real success unless you like, what you're doing!« Will heißen: Echten Erfolg erreicht man nur, wenn man auch wirklich mag, was man tut.

Sie müssen also nicht bei jedem Thema das Rad selbst neu erfinden. Das Lernen am Modell liegt in uns Menschen tief verankert, nur leider hören wir irgendwann auf, das zu nutzen, weil wir meinen, alles alleine lösen zu müssen.

Von meinen Seminarteilnehmern kommt dann meistens der Einwand: »Ach, Ina, wenn ich mir alles von anderen kopiere, dann bin ich ja nicht mehr authentisch!«

Ich antworte dann: »Wenn Sie nicht von Kind auf von anderen kopiert hätten, würden Sie heute noch auf allen Vieren zum Seminar kriechen und in die Windeln machen!«

Auf der einen Seite predige ich, Sie sollen Ihren eigenen Weg gehen und keine Kopie von anderen sein, und auf der anderen Seite sage ich, Sie sollen andere Menschen kopieren.
Was ist jetzt richtig?
Beides.
Wenn Sie etwas erlernen wollen, suchen Sie sich fünf Personen, die genau Ihr Thema erfolgreich gelöst haben. Es gibt

immer mehrere Varianten, an eine Situation heranzugehen. Suchen Sie sich Leute, die es auf eine Weise gemacht haben, die Ihnen persönlich gefühlsmäßig entspricht.

So gehen Sie schon einen Schritt Richtung Authentizität. Sie suchen sich selber aus, wen Sie kopieren und wen nicht. Jemand, der wirklich erfolgreich ist mit etwas, kopiert die Grundmuster von anderen und entwickelt diese dann weiter. Das ist dann wahre Authentizität. Dustin Hoffmann zum Beispiel hat die Schauspielkunst auf einer Schauspielschule erlernt. Und im Laufe der Zeit hat er immer mehr seinen eigenen Stil dazugemixt. Und genau das macht ihn so einzigartig und authentisch.

Die WWW-Methode in Kurzfassung

Egal, welches Problem es zu lösen gibt, Sie müssen erst wissen, *was* konkret Sie wollen. »Ich rede mit Spaß vor Publikum.« »Ich bin schlank, das erkenne ich daran, dass mir die Jeans in Größe 38 passen« usw.

Wenn Sie wissen, *was* Sie wollen, fragen Sie sich, **warum.** Jede Entscheidung wird aufgrund eines Gefühls getroffen. Bei jeder Entscheidung streben wir danach, Schmerz zu vermeiden und Lust zu gewinnen. Wenn das *Warum* stark genug ist, dann ist das Wollen auch da. Das ist die Grundlage jeder Motivation.

Wie? Sie suchen sich fünf Menschen, die Ihr Problem schon erfolgreich gelöst haben. Fragen Sie, wie genau sie das gemacht haben.

Jedes Thema lässt sich auf verschiedenste Art und Weise lösen. Suchen Sie sich also nicht irgendwelche Leute aus, sondern jene, die den Erfolg so erreicht haben, dass die Methode gefühlsmäßig auch Ihnen entspricht.

Sie können die Methode auch über Biografien und Fernsehdokumentationen herausfinden, wenn Sie Ihre Vorbilder nicht persönlich kennen. Dann suchen Sie den gemeinsamen Nenner aller Personen und machen Sie es einfach nach. Gehen Sie mit sich so um wie beim Gehenlernen. Auch wenn Sie tausend Mal hinfallen, stehen Sie immer wieder auf, beobachten Sie, fragen Sie und starten Sie noch einmal. Bis Sie es geschafft haben.

Behalten Sie im Kopf: Wer hat mehr Misserfolge im Leben? Ein erfolgreicher Mensch oder ein erfolgloser?

Der Erfolgreiche. Weil er nicht aufgegeben hat und immer und immer und immer wieder von Neuem gestartet ist, bis er erreicht hat, was er wollte. Und denken Sie daran: Zumindest einmal im Leben sind auch Sie schon drangeblieben, bis Sie es geschafft haben: Beim Gehenlernen!

Leben Sie ein Leben, welches Sie mit keinem Leben eines anderen Menschen tauschen wollen!

Verbringen Sie mehr Zeit in einem »Was-ich-tun-kann«-Modus und weniger Zeit in einem »Was-ich-nicht-tun-kann«-Bewusstsein.

Umgeben Sie sich mit Menschen, die so leben, wie Sie es sich wünschen, und lernen Sie von diesen.

Literatur

Bartlett, Richard / Brandt, Beate: Die Physik der Wunder: Wie Sie auf das Energiefeld Ihres Potenzials zugreifen, Vak-Verlag 2010

Carnegie, Dale: Sorge dich nicht, lebe!, Fischer, 2003

Csikszentmihalyi, Mihaly / Charpentier, Annette: Flow: Das Geheimnis des Glücks, Klett-Cotta 2010

Csikszentmihalyi, Mihaly / Aebli, Hans / Aeschbacher, Urs: Das Flow-Erlebnis: Jenseits von Angst und Langeweile: im Tun aufgehen, Klett-Cotta 2010

Grössler, Manfred: Gefahr Gentechnik. Irrweg und Ausweg, Manfred, Concordverlag, 2005

Mc Taggart, Lynne / Seidel, Isolde: Intention: Mit Gedankenkraft die Welt verändern: Globale Experimente mit fokussierter Energie, Vak-Verlag 2011

Molcho, Samy: Körpersprache des Erfolgs, Ariston 2005

Murphy, Joseph: Die Macht Ihres Unterbewusstseins Ariston 2009

Pöhm, Matthias: Präsentieren Sie noch oder faszinieren Sie schon? Der Irrtum Powerpoint, mvg 2006

Serge Kahili King, J.: Begegnung mit dem verborgenen Ich: Ein Arbeitsbuch zur Huna-Magie, Kamphausen Verlag 2001

Treutwein, Norbert: Übersäuerung – Krank ohne Grund: Krankheiten erkennen, die Störungen im Säure-Basen-Haushalt natürlich und wirksam ausgleichen, Südwest Verlag 2001

Danksagung

Nicht umsonst habe ich für mein Leben die Familie gewählt, in der ich aufgewachsen bin.

Ich bin meinen Eltern zutiefst dankbar dafür, dass sie mir schon von meinem ersten Lebenstag an vermittelt haben, dass es im Leben einzig und allein darauf ankommt, seinem Herzensweg zu folgen.

So rebellisch ich dadurch in meiner Jugendzeit auch war und gegen so viele vorgefertigte Gesellschaftsmeinungen ich im Laufe meines Lebens auch ankämpfen musste, es hat sich ausgezahlt: Ich bin dort gelandet, wo es mich immer schon hingezogen hat: zu einem Leben als Coach und als Schriftstellerin und Vortragsrednerin.

Tiefsten Dank spreche ich all jenen Menschen aus, denen ich in meinem Leben und auf meinen Abenteuerreisen begegnet bin. Sie haben mich in einer Form inspiriert, die ihnen gar nicht bewusst ist. Ob sie mir den letzten Nerv geraubt oder mich mit gutem Gefühl überhäuft haben, aus allem habe ich das gelernt, was ich jetzt als meine Erfahrung verbuchen und in meine Bücher und Vorträge einfließen lassen kann.

Danke meinen Seminarteilnehmern und Coachingkunden für ihre Fragen und Lebensgeschichten.

Meinen lieben Freunden und meinen lieben Geschwistern danke ich aus ganzem Herzen für ihre beharrliche Unterstützung und ihre liebevolle Art und Weise, mich immer wieder auf meinen Weg zu verweisen, wenn mich der Mut verlassen hat.

Danke meinem Lebenspartner fürs zweifellose Glauben an meinen Erfolg!

Und danke der Literaturagentur Gorus für die professionelle und liebevolle Unterstützung bei der Verlagssuche.

Zu guter Letzt ein großes Dankeschön an meine Lektorin vom Kreuz Verlag. Ich weiß ihre Hartnäckigkeit mittlerweile sehr zu schätzen.